总主编 孙中升 丁文利

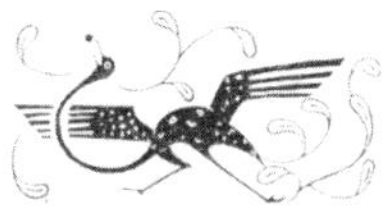

中华经典诵读

第二册

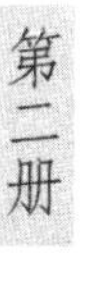

山东城市出版传媒集团·济南出版社

图书在版编目（CIP）数据

中华经典诵读．第二册／程亮主编．— 济南：济南出版社，2017.9（2019.4 重印）

ISBN 978-7-5488-2721-4

Ⅰ．①中⋯　Ⅱ．①程⋯　Ⅲ．①中华文化—中等专业学校—教材　Ⅳ．① G634.301

中国版本图书馆 CIP 数据核字（2017）第 204862 号

出 版 人　崔　刚
丛书策划　冀瑞雪
责任编辑　冀瑞雪　殷　剑
装帧设计　侯文英

出版发行　济南出版社
地　　址　济南市二环南路1号
邮　　编　250002
网　　址　http://www.jnpub.com
电　　话　0531—86131747（编辑室）
　　　　　　86131747　82709072　86131729　86131728（发行部）
印　　刷　山东新华印刷厂潍坊厂
版　　次　2017 年 9 月第 1 版
印　　次　2019 年 4 月第 2 次印刷
开　　本　170 mm × 240 mm　1/16
印　　张　9.75
字　　数　140千
印　　数　10001-18000
定　　价　30.00 元

编写委员会

前 言

中华文化，源远流长，波澜壮阔。千百年来，她像浩浩江河，浇灌了我们民族的精神沃野，又像涓涓细流，濡养了个体生命的心灵田园。于是，当外敌入侵，在“舍生取义”精神的感召下，总有英雄豪杰拔剑而起，意图“挽狂澜于既倒”；当生灵惨遭涂炭，在“士志于道”信念的鼓舞下，更有仁人志士挺身而出，意欲“拯斯民于水火”；当有为之士遭遇人生的横逆，蹇蹶颠连之时，圣贤“君子忧道不忧贫”的箴规告诫会在耳畔回响；当文人墨客面临生命的困境，意志消沉之际，先哲“士不可以不弘毅”的谆谆教诲会在心头涌起……

这就是文化的力量，这就是传统的价值！

文化是民族的血脉，是一个民族生生不息、繁衍发展的内在动力。古往今来，那些闪耀着人文光彩，充溢着前人智慧的一部又一部的“经典”——或“经史子集”，或“唐诗宋词”，或“家训夜话”，或“名言警句”……都是文化传承的最为直接的载体。今天的我们，要光大传统文化，要弘扬传统美德，要践行“立德树人”的目标，要确立新的核心价值观，“诵读经典”，“品味经典”，仍是最为可行，最为有效的途径之一。

中华典籍，浩如烟海，汗牛充栋。作为编者，限于我们的学识及学力，不可能将所有“经典”一一纳入“读本”之中，针对“读本”的阅读对象——青年学生的特点，我们在选编材料时，基本贯穿了以下几个原则。

第一，取其经典，弃其庸凡。凡经典，都是经过历史检验的典范、权威之作。刘勰在《文心雕龙》中说："经也者，恒久之至道，不刊之鸿教也。"这就是说，所谓"经"，就是永恒的真知灼见，不可轻易改动的宏大教导。依此为标准，我们上起先秦，下迄民国，钩沉索隐，披沙沥金。言思想观念，言价值标准，先从诸子百家入手；言审美理想，言情感历程，先从唐诗宋词着眼；言天人之际，言古今之变，先从《左传》《史记》开始。言思想家，首推孔子、孟子、荀子；言文学家，首倡李白、杜甫、白居易；言史学家，首提左丘明、司马迁；言宣传家，严复、梁启超更是不容回避的重要人选。至于当代的许多言论、作品，尽管在一定时间内也产生了非常大的影响，尽管对年轻人的成长也有不可小视的作用，但毕竟还没经过时光的淘洗和历史的积淀，不在编选之列。

第二，取其精华，弃其糟粕。中华文化，虽博大精深，但亦难免良莠不齐，"昆山有玉，混杂泥沙；丽水生金，宁无瓦砾"。因此，对于那些有消极意义的内容，我们均不涉及。尤其值得一提的是"明哲保身"，它自古以来就被国人奉为安身立命之圭臬，如"逢人且说三分话，未可全抛一片心""是非只为多开口，烦恼皆因强出头""人怕出名猪怕壮""出头的椽子先烂"等等，如此处世之道，既不利于青年学生健康人格的养成，更与社会主义的时代精神格格不入，所以我们都给予舍弃。相反，凡被我们选中的内容，如天下为公、自强不息、厚德载物、志存高远、居安思危、执事以敬、以和为贵、扶危济困、与人为善等，它们不仅是传统文化中的精华，而且也构成了社会主义核心价值观的基本内涵。

第三，取其刚健，弃其无为。中华文化，向来有"达则兼济天下，穷则独善其身"之传统：得志时以进取为天职，失意时以归隐为情怀。反观当代青年，他们"如朝阳""如乳虎""如泼兰地酒""如春前之草"，理应秉持儒家"刚健有为、自强不息"之态度。古人亦言："君子以名教为乐，岂如嵇阮之逾闲；圣人以悲悯为心，不取沮溺之忘世。"

历朝历代，孟子的“如欲平治天下，当今之世，舍我其谁？”之高蹈，“虽千万人，吾往矣！”之气概，“人之知，亦嚣嚣；人不知，亦嚣嚣”之刚健，一直为国人所推崇、所效仿、所发扬。因此，我们在取舍材料时，也贯穿了“取其刚健，弃其无为”的基本原则，对于那些放浪形骸、玩世不恭、超脱尘世的文学作品，纵然影响很大，纵然传之久远，我们一般也不予选编。

第四，取其通俗，弃其晦涩。传统典籍，有的如《尚书》般佶屈聱牙，有的如《弟子规》般通俗易懂。鉴于学生的认知能力和知识水平，我们对材料的选编，还是以通俗为主。如果唐诗宋词中有适合的内容，就尽量不用其他的文论或散文；同样是唐诗宋词，如果有朗朗上口的，就尽量舍弃那些用典过于繁复、文字过于拗口的篇目。有许多材料，一是来自于历代流行的蒙学读物，如《千字文》《颜氏家训》《三字经》《了凡四训》《围炉夜话》。这些经典，文字生动简洁，内容浅显易懂，很适合青年人的审美情趣；二是来自于那些代代相传的名言佳句，如“一寸光阴一寸金，寸金难买寸光阴”“少壮不努力，老大徒伤悲”。尽管耳熟能详，却常读常新，百读不厌——大概这就是经典的魅力之所在。

对于本读物的编写体例，我们根据经典诵读的特点和青年学生的阅读习惯，做了以下安排。

第一，本读本（第二册）共分十个单元，分别是爱国篇、理想篇、诚信篇、礼仪篇、修身篇、友善篇、勤俭篇、励志篇、求知篇、情感篇。这样排序的基本依据是：先大后小，先集体后个体，先家国后情怀。

第二，单元的基本构成。

1. 每个单元有四课，每课包括晨读、晚诵两部分，这样，每个单元就有八篇课文，第二册共有 80 篇课文。

2. 每篇课文由原文、“释义”（即翻译）、“注解”（即注释）、“感悟”（即结合现实，谈对经典诗文的理解和感受）四个板块构成。

3.“温故知新”是对原典或作者的简介，文字力求简洁、明了、准确。“温故知新”的内容不重复出现。

4.“他山之石”就是拓展阅读，即选编一个和本单元主题相符合的小故事，来拓展学生的阅读视野，满足学生的阅读需求，提高学生的阅读质量，强化学生的阅读兴趣。“他山之石”一般安排在每个单元第二课的课后，故事力求生动、典型，能对陶冶学生性情，提高学生修养起到较好的效果。

5.“举一反三”即是我们传统意义上的思考与练习，一般安排两个思考题。

6.“学以致用”就是拓展训练，旨在强调学生能力的培养，这些能力，既有阅读能力、学习能力，也有分析能力、交际能力。

第三，诵读“经典”是读本的核心，其他的，诸如“释义”“注解”“感悟”等，都围绕这个中心展开，并为这个中心服务。

中华文化，既有“祖述尧舜，宪章文武”之坚执，亦有“苟日新，日日新，又日新”之生气。今天的我们，诵读经典，体悟经典，其意义，绝不在于为传统的博远而沾沾自喜，为祖先的荣光而妄自尊大，我们要做的，乃是牢记先哲的教导，铭记圣贤的重托，“不忘初心，砥砺前行！”

编　者

2017 年 6 月

目 录

第一单元　爱国篇

第二单元　理想篇

第三单元　诚信篇

第四单元　礼仪篇

第五单元　修身篇

第九单元 求知篇

第十单元 情感篇

DIYIDANYUAN

第一单元

爱国篇

第一课

晨读

岁暮

唐·杜甫

岁暮远为客，边隅还用兵。

烟尘犯雪岭，鼓角动江城。

天地日流血，朝廷谁请缨？

济时敢爱死？寂寞壮心惊！

◎ 释义

年关临近我客居他乡，边疆的战事还在进行。

烟尘中敌人进犯雪岭，备战的鼓角震动江城。

人世间处处都在流血，朝廷上还有谁敢请缨？

为救时艰我怎敢惜死，寂寞的我也雄心陡起。

◎ 注解

①“岁暮”句：这年十二月作者客居梓州（今四川三台）。②边隅（yú）：边疆。隅，靠边的地方。③烟尘：尘埃，这里代指进犯的敌人。④雪岭：即西山，在成都西面，因终年积雪得名。⑤江城：指梓州城。⑥请缨：将士自告奋勇请命杀敌。⑦济（jì）时：拯救时世。⑧爱死：惜死，爱惜自己的生命。⑨惊：动，起。

◎ 感悟

饱经离乱之苦的诗人对和平充满了热切的渴望。这一年，客居梓州的杜甫在听闻官军打败叛军的消息后，按捺不住内心的激动，提笔写下了著名的《闻官军收河南河北》，可不到半年，他又为外敌的入侵而忧心如焚："烟尘犯雪岭，鼓角动江城。"尽管热爱和平，尽管反对战争，但一旦国家需要，一旦外敌入侵，诗人随时准备为民族、为国家而献身。"济时敢爱死？寂寞壮心惊！"——多么崇高的爱国情怀啊！

晚诵

春望

唐·杜甫

国破山河在，城春草木深。

感时花溅泪，恨别鸟惊心。

烽火连三月，家书抵万金。

白头搔更短，浑欲不胜簪。

◎ 释义

国家破碎山河仍在，京城的春天草木幽深。

感时忧国对花落泪，怨恨离别鸟叫也惊心。

战火接连三月不息，一封家信足能抵万金。

头上白发越搔越短，简直簪子也插不住了。

◎ 注解

①城：这里指京城长安（今陕西西安）。②感时：感叹时艰。③恨别：怨恨离别。④抵：值。⑤搔：抓，挠。⑥浑：简直。⑦胜：承受。

◎ 感悟

这首诗作于唐肃宗至德二年（757 年），当时杜甫仍困陷长安，触目所及，山河依旧而国破家亡，春回大地却满目疮痍，诗人不禁触景生情，悲从中来，发出了深重的慨叹。“感时花溅泪，恨别鸟惊心。”千年以下，我们仍能感受到诗人那深沉的忧国情怀。

第二课

晨读

自蓟北归

唐·高适

驱马蓟门北，北风边马哀。

苍茫远山口，豁达胡天开。

五将已深入，前军止半回。

谁怜不得意，长剑独归来。

◎ 释义

我策马驰奔在蓟门之北，北风呼啸边地马鸣声哀。

遥望山口只是苍茫一片，走出峡谷胡天豁然大开。

五位将军已经深入敌境，前军却只有一半返回来。

有谁怜惜我这个失意人，只好弹着长剑独自归来。

◎ 注解

①蓟（jì）北：蓟门以北。蓟门，在今北京西南。②驱马：驰马。③豁（huò）达：豁然通达的样子。④“五将”句：汉宣帝时，曾遣田广明、范明友等五位将军，率十万余骑，出塞二千多里击匈奴。⑤止半回：只有半数生还。⑥“长剑”句：《战国策·齐策》记载，冯谖（xuān）是孟尝君门客，未受重用时多次倚柱弹剑而歌曰：“长铗（jiá）归来乎。”诗人用这个典故表达了自己未受重用、报国无门的感慨。

◎ 感悟

本诗大约作于天宝十年（751 年），诗人送兵到塞北返回之时。高适素有报效国家、立功边塞之志，此次送兵到塞北，意欲寻找机会建功立业。但当他看到战事失利，将领之间互相推诿，无丝毫振奋之气时，内心不免有些失望，只得怏怏而归。“谁怜不得意，长剑独归来”，壮志难酬，报国无门，只能是一声叹息！

晚诵

送蹇秀才赴临洮

唐•高适

怅望日千里，如何今二毛。
犹思阳谷去，莫厌陇山高。
倚马见雄笔，随身唯宝刀。
料君终自致，勋业在临洮。

◎ 释义

怅然怀望一日千里，为何如今添了白发。
还想奔赴阳谷而去，不嫌陇山山高难行。
才思敏捷下笔成文，随身携带只有宝刀。
料你终能自致高位，建功立业就在临洮。

◎ 注解

①送蹇（jiǎn）秀才赴临洮（táo）：此诗作于天宝十一年（752 年）秋天，高适当时居于长安。蹇秀才其人已不可考，应属于虽久沉下僚，但存报国雄心之人。临洮，临洮郡，治所在今甘肃临潭西南。②怅望：怅然远望。怅，怅然，失意的样子。③二毛：头发黑白相间，谓年老。

④阳谷：地名，今甘肃淳化北。⑤陇（lǒng）山：山名，位于今天的宁夏和甘肃南部，以及陕西西部。⑥倚马：指倚马可待的敏捷才思。典出《世说新语·文学》，说桓温北征时，随从官中有一个叫袁虎的，被责免职，适逢有一篇告捷的文书要写，桓温便命令袁虎靠在马旁赶写。袁虎手不停笔，一口气写了七张纸。后人多据此典以“倚马”形容才思敏捷。⑦雄笔：犹“雄文”，气势雄健的文章。⑧致：达到。这里指建功立业。⑨勋业：功业。

◎ 感悟

高适素怀壮志，不仅自己三次出塞，亦勉励朋友出征前线，建功立业：“出关逢汉壁，登陇望胡天。亦是封侯地，期君早着鞭。”本诗的主人公蹇秀才赴临洮，高适也是鼓励有加，期望朋友有所作为。这首诗虽写送别，但一扫伤感惆怅之萎靡，尽显慷慨悲壮之气息，很能体现“盛唐之音”的韵致。李泽厚在《美的历程》中谈及盛唐的时代精神时指出：“及时努力，莫负年华，立业建功，此其时也。”“豪迈，勇敢，一往无前！即使是艰苦战争，也壮丽无比。即使是出征远戍，也爽朗明快。”——不惟陈子昂、王昌龄、岑参如此，高适亦然。

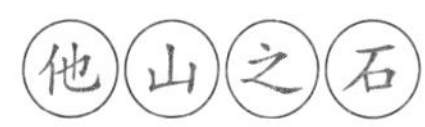

颜杲卿为国捐躯

颜杲（gǎo）卿，祖籍琅邪（láng yá）临沂（今山东临沂），因先辈有功被授予官职。他性格刚强，能力出众，是国之干才。唐玄宗天宝年间，安史之乱爆发，叛军一路南下，攻陷了洛阳，很快就杀到了常山（河北正定）城下。

当时颜杲卿正担任常山太守。叛将史思明攻打常山郡时，颜杲卿虽指挥军民拼死抵抗，无奈寡不敌众，御敌的装备又太少，常山城最终还是被逆贼攻陷了，颜杲卿被押送到了东都。安禄山见到颜杲卿，当面指责他说："你过去出自范阳的户曹，我推荐你做了判官，还做到了光禄、太常的官职，后来又重用你代理常山郡太守，我哪里对不起你？你怎敢背叛我呢？"颜杲卿瞪大眼睛，回答说："我家世代是唐臣，一向保持忠义，你推荐我做官，我就应该跟着你反叛吗？况且你本来是营州一个放羊的，骗取了皇上的恩宠，才得到了今天的地位，皇上哪里对不起你，你竟敢反叛？"安禄山非常愤怒，残忍地杀害了颜杲卿。直到断气时，颜杲卿仍大骂不止。

后来，朝廷平定了安史之乱，为表彰颜杲卿的忠义，特下诏，言："（颜杲卿）孤城力屈，见陷寇仇，身殁名存，实彰忠烈。夫仁者有勇，验之于临难；臣之报国，义存于捐躯。"并追赠颜杲卿为太子太保。

——据《旧唐书·颜杲卿传》

第三课

晨读　水调歌头·多景楼

宋·陆游

江左占形胜，最数古徐州。连山如画，佳处缥缈著危楼。鼓角临风悲壮，烽火连空明灭，往事忆孙刘。千里曜戈甲，万灶宿貔貅。

露沾草，风落木，岁方秋。使君宏放，谈笑洗尽古今愁。不见襄阳登览，磨灭游人无数，遗恨黯难收。叔子独千载，名与汉江流。

◎ 释义

江东一带据有险要形势的地方，第一要数屏障般雄伟的镇江。山连着山，就像图画般莽莽苍苍，景色美处高高的楼台若隐若现。战事又起，对风而响的战鼓号角声显得格外悲壮，烽火连天，明明灭灭隔江相望，往事如烟，遥想起孙权、刘备在此地把破曹大事共商。当年孙刘联军的军阵啊，银戈金甲千里都闪着光芒，军士野营，万灶烟腾，好不雄壮。

露珠结在草上，风吹落叶飘荡，正当金秋时光。使君啊，你的气魄真够宏大豪放。无论今愁还是古忧，全被你谈笑间一扫而光。君不见羊祜登临襄阳岘山，感慨那无数贤士早就湮没无闻，遗恨难收，令人黯然神伤。独有羊祜千年传扬，他的英名如同浩浩汉江千古流传。

◎ 注解

①水调歌头：词牌名。②多景楼，位于镇江北固山甘露寺内，北临长江。此词当作于宋孝宗隆兴二年（1164年）陆游任镇江通判时。③江左：长江最下游的地方，即今江苏省等地。④形胜：谓地理位置优越，地势险要。⑤古徐州：东晋时以镇江为南徐州，这里的古徐州即指此。⑥缥缈：隐隐约约，似有若无的样子。⑦著：安放。⑧危楼：高楼。⑨"鼓角"两句：鼓角，战鼓号角。连空，连天。明灭，忽明忽灭。隆兴二年十月，金主完颜雍挥兵渡淮南犯，江防吃紧，鼓角长鸣，烽火连天。⑩孙刘：三国时孙权和刘备，曾联合破曹操。⑪曜（yào）：照耀。⑫灶：军中的炊灶。⑬貔貅（pí xiū）：传说中的猛兽，这里喻指勇猛的战士。⑭使君：汉时刺史的称呼，后用作州郡长官的尊称。这里是指镇江府的行政长官方滋。⑮宏放：宏伟豪放。⑯"不见"句：襄阳，今湖北襄阳。登览，西晋初羊祜（hù）曾登襄阳岘（xiàn）山，说：此山常在，可前代的人物都已湮灭无闻，自己死后魂魄应登此山。说完悲伤落泪。后来百姓为羊祜建碑立庙，岁时祭飨。⑰黯（àn）：心神沮丧貌。⑱叔子：西晋大将羊祜，字叔子。晋武帝时，羊祜曾都督荆州诸军，镇襄阳。⑲汉江：长江支流，由陕西入湖北。

◎ 感悟

这是一首借古伤时之作。词的上片追忆历史人物，期望有孙、刘那样的英雄豪杰出现，以抗金救国，匡扶天下；下片借登临所感，歌颂羊祜在统一大业中做出的贡献。词中既有对山河破碎、奸佞当道的深切忧虑，又有报国无门、年华逝去的悲慨和无奈。全词洋溢着强烈的爱国热情。

晚诵　夜游宫·记梦寄师伯浑

宋·陆游

雪晓清笳乱起，梦游处、不知何地。铁骑无声望似水。想关河，雁门西，青海际。

睡觉寒灯里，漏声断、月斜窗纸。自许封侯在万里。有谁知，鬓虽残，心未死！

◎ 释义

刚刚下过雪的早晨，清幽的号角声此起彼伏。梦中所游之处，不知是什么地方。剽悍的骑兵严阵以待，寂静无声，望过去如急流滚滚向前挺进。我猜想这样的关塞河防，应该在雁门关西，青海湖的边际。

在寒冷灯光里恍恍惚惚地睡醒，更漏声已经断了，月光斜斜透过窗纸照了进来。自我期许要在万里之外的战场封侯。有谁知道，我鬓发虽残，可报国之心未泯！

◎ 注解

①夜游宫：词牌名。②记梦：记录梦境。③师伯浑：词人的朋友。④笳（jiā）：古代北方民族的一种吹奏乐器，常用在军队中，又叫胡笳。⑤望似水：远看像河流奔泻的样子。⑥想关河：想必这样的关塞与河防。⑦雁门：雁门关，在今山西代县西北。⑧青海际：青海湖边。⑨睡

觉（jué）：睡醒。⑩漏声断：漏声尽，指夜深。漏，又称漏壶，古代的计时器。⑪自许：自我期许。⑫残：指头发脱落稀疏，意即年老。

◎ 感悟

这是一首抒发爱国主义情怀的记梦词，境界壮阔，意蕴高远。师伯浑是陆游的朋友，两人同怀建功立业之心，同怀收复失地之志，可谓同声相应，同气相求，所以陆游把这首记梦词寄给他看。上片写的是梦境，渲染了一幅有声有色的关塞战阵情形；下片写梦醒后的感想。梦境和现实有机结合，连成一体，将诗人那种为国献身的思想境界生动地呈现了出来。

陆　游

陆游（1125—1210），字务观，自号放翁，越州山阴（今浙江绍兴）人，南宋杰出的文学家、史学家、爱国诗人，有九千三百多首诗、一百四十余首词存世。著有《渭南文集》《剑南诗稿》等。

第四课

晨读 水龙吟·甲辰岁寿韩南涧尚书

宋·辛弃疾

渡江天马南来，几人真是经纶手？长安父老，新亭风景，可怜依旧。夷甫诸人，神州沉陆，几曾回首！算平戎万里，功名本是，真儒事，公知否。

况有文章山斗，对桐阴、满庭清昼。当年堕地，而今试看，风云奔走。绿野风烟，平泉草木，东山歌酒。待他年，整顿乾坤事了，为先生寿。

◎ 释义

自从高宗皇帝南渡之后，有几个人能真正称得上是治国的行家里手？中原沦陷区的父老乡亲期盼王师北伐，南渡的士大夫们也慨叹风景依旧，而山河殊异。那些清谈家们面对国土丧失，何曾幡然回首？看来平定戎寇，收复河山，才是读书人真正的功业，您知道吗？

您的道德文章如泰山、北斗，“桐木韩家”目前正兴旺发达。当年您出生在名门望族，而今正等待您叱咤风云，大展身手。虽然您现在像裴度在绿野堂闲居，又好似李德裕在平泉庄赏幽，又好比谢安隐居东山，听歌饮酒，但重整山河的志向并未丢。待将来，你出山收复中原，完成统一大业之后，我再来为您祝寿。

◎ 注解

①甲辰岁寿韩南涧尚书：甲辰岁，宋孝宗淳熙十一年（1184年）。寿，这里作动词用，给……祝寿。韩南涧，韩元吉，字无咎，号南涧，曾任吏部尚书。②“渡江”句：西晋灭亡后，琅邪王司马睿渡江，在建康（今江苏南京）称帝，建立东晋。晋朝皇帝姓司马，故称“天马”。这里借指南宋高宗赵构南渡。③经纶（lún）：原意为整理乱丝，后引申为处理政事，治理国家。④长安父老：指中原沦陷区的民众。⑤新亭风景：新亭，故址在今江苏南京。据《世说新语·言语篇》记载，东晋初渡江南来的士大夫，常在新亭宴饮。一次酒筵上，周顗（yǐ）叹息说：“风景不殊，正自有山河之异！”（风景依旧，只有山河变色了）大家都相顾落泪。⑥夷甫诸人，神州沉陆：《晋书·桓温传》记载，桓温自江陵北伐，过淮、泗一带进入北境时，与僚属一起登楼远眺中原大地，慨叹说：“遂使神州陆沉，百年丘墟，王夷甫诸人不得不任其责！”王夷甫，即王衍，西晋宰相，喜清谈，不理政事，有人认为西晋灭亡与其关系很大。神州，原指中国，这里指中原地区。沉陆，即陆沉，国土沦亡。⑦几曾：何曾，何尝。⑧算：论说，议论。⑨平戎万里：平定中原，统一国家。戎，指金兵。⑩真儒事：读书人真正的事业。⑪山斗：泰山、北斗。《新唐书·韩愈传赞》说，韩愈死后，他的学说流行起来，“学者仰之如泰山、北斗”。此句是赞扬韩元吉的文名如韩愈一般，被时人尊为泰山、北斗。⑫桐阴：韩元吉系宰相韩维玄孙，门第显赫，其汴京的宅第门前多种梧桐树，世称“桐木韩家”。⑬满庭清昼：指桐木枝叶繁茂，树荫覆盖满庭，比喻韩氏家族正兴旺发达。⑭堕地：出生，诞生。⑮风云奔走：指韩元吉政治上大有作为。⑯绿野风烟：《唐书·裴度传》载，唐宰相裴度退居洛阳，在午桥建别墅名曰“绿野堂”。风烟，风物，风景。⑰平泉草木：唐宰相李德裕退隐后在洛阳郊外筑“平泉庄”，多植名花异草。⑱东山歌酒：东晋谢安寓居会稽东山（在今浙江上虞西南）时，常游山玩水，听歌饮酒。以上三句均将韩元吉比作前代名相。⑲整顿乾

坤事了：指完成恢复中原、统一全国的大业。⑳先生：指韩元吉。

◎ 感悟

此词作于辛弃疾闲居带湖时。当时词人与韩元吉多有往来，两人均主张北伐，收复失地，但又同时处于不被朝廷见用的境地，因之常有诗词唱和，以此排遣心中的郁闷之情。上片对国事日非表示愤激，指出宋室南迁以来，没有人能挺身而出，匡扶天下，中原父老年年盼望年年失望，看来，恢复失地的重任只能靠真正的读书人来担当了；下片赞扬韩元吉的道德文章，勉励他振作起来，以完成统一中原的大业。在这首词中，有急切报国的热情，也有报国无门的悲愤，两相融合，构成了其悲壮苍凉的风格。

㊗晚诵 贺新郎·同父见和，再用韵答之

宋·辛弃疾

老大那堪说。似而今、元龙臭味，孟公瓜葛。我病君来高歌饮，惊散楼头飞雪。笑富贵、千钧如发。硬语盘空谁来听？记当时、只有西窗月。重进酒，换鸣瑟。

事无两样人心别。问渠侬、神州毕竟，几番离合？汗血盐车无人顾，千里空收骏骨。正目断、关河路绝。我最怜君中宵舞，道男儿、到死心如铁。看试手，补天裂。

◎ 释义

我本来已老大无成，不该再说什么了。可是现在，遇到了你这个有陈登、陈遵般胸怀的志趣相投者。我生着病，你来高歌痛饮，豪迈的歌声惊散了楼头漫天飞舞的雪花。可笑世人将富贵看得重如千钧，你我却把它看得如同毛发一般轻。我们激烈直率的议论回荡在空中，可又有谁来听呢？记得当时，只有明亮的月牙儿，依旧在西窗外高高地挂着。我们谈得如此投机，一次又一次地重新斟酒，弹琴奏瑟，把我们的胸臆表达。

国事本来没有什么不同，但人心却不一样。试问朝中那些当权者，神州大地，究竟还要被金人宰割多久？汗血宝马拖着笨重的盐车，无人顾惜，当政者却要到千里之外重金收买骏马的骸骨。我极目远眺，只见关河路断，舟车难行。我最敬重你那闻鸡起舞的壮烈情怀，你曾说过，男子汉大丈夫，至死也会像铁一般坚定。我等待着你一展身手，补好破碎的河山，统一中原。

◎ 注解

①贺新郎：词牌名。②同父（fǔ）见和，再用韵答之：同父，陈亮，字同父，南宋杰出的思想家、爱国者，力主抗金。宋孝宗淳熙十五年（1188 年）冬，陈亮约朱熹到鹅湖与辛弃疾相会，朱熹未至，陈亮在辛弃疾处逗留十日离去。别后，辛弃疾作《贺新郎》（把酒长亭说）以寄，陈亮依韵和作，此词是辛弃疾再用原韵为答谢陈亮和词而作。和，酬和，唱和，古人之间诗词应答的一种方法。用韵答之，用原韵来赠答对方。③老大：年纪大。④那堪：“那”通“哪”。堪，能，可，堪当重任。⑤元龙臭（xiù）味：三国时的陈登，字元龙，是当时抱负远大的豪迈之士，这里以陈登喻陈亮。臭味，气味，志趣。⑥孟公瓜葛：西汉陈遵字孟公，为当时的大名士，这里也是喻陈亮。瓜葛，指关系、交情。⑦“笑富贵”句：堪笑千钧富贵轻如毛发。钧，古代三十斤为一钧。⑧硬语盘空：韩愈《荐士》诗称赞孟郊诗“横空盘硬语”，谓孟郊诗气

势雄伟，刚健有力。这里指作者与陈亮议论国事时，言辞直率。⑨“问渠侬（nóng）”三句：渠侬，古代吴方言称自己为“我侬”，他人为“渠侬”，这里代指朝中主张妥协苟安的当权者。离合，偏义复词，这里强调的是离，即分裂。⑩汗血：汗血宝马。《汉书·武帝纪》应劭注说，大宛出产一种宝马，从前肩流出的汗像血一样，能日行千里。⑪盐车：载盐的车。《战国策·楚策》说，良马拉着盐车上太行山，筋疲力尽，满身是伤，但还得继续前行。⑫“千里”句：《战国策·燕策》载，郭隗对燕昭王讲过这样一个故事：一位国王以千金求千里马，三年未得，有人用五百金给他买来一个死的千里马头骨，国王大怒，说：“我要的是活马，死马有什么用！”那人说：“已死的千里马您都肯拿五百金买来，何况活马呢？天下人一定认为您最有诚意求千里马了。”果然不到一年的时间，国王就买到了三匹千里马。骏骨，骏马的骨头。以上两句是说，让千里马去拉盐车，却从千里之外买来骏马的骨头，比喻贤才被埋没，朝廷却空喊求贤。⑬关河路绝：指大雪阻塞了关河道路，南北不通。⑭怜：爱惜，敬重。⑮中宵舞：东晋时祖逖（tì）一心北伐，他与好友刘琨（kūn）住在一起，半夜就起来舞剑。中宵，半夜。⑯补天裂：将裂开的天空补上。这里用女娲补天的神话喻指完成统一大业。

◎ 感悟

此词作于宋孝宗淳熙十六年（1189 年）春。上片重温与陈亮志趣相投的深厚情谊，赞扬陈亮不慕富贵、心忧天下的宽阔胸襟，回顾与陈亮“鹅湖之会”时慷慨高歌、硬语盘空、志在报国的豪迈气概。下片指斥朝中的主和派不思进取，只图苟安，却不遗余力地排斥爱国者的卑劣行径，高度评价陈亮“男儿到死心如铁”的抗战决心，并与陈亮共勉，期望他大展身手，完成统一国家的大业。整首词卓厉奋发，慷慨激昂，把作者的爱国情感表达得淋漓尽致。

温故知新

辛弃疾（1140—1207），字幼安，号稼轩，历城（今山东济南）人，南宋著名的爱国词人，与苏轼合称“苏辛”，与李清照并称“济南二安”。现存词六百多首。

辛弃疾

举一反三

一、反复诵读杜甫的《春望》，分析一下“感时花溅泪，恨别鸟惊心”两句表达了作者怎样的思想感情。

二、仔细品味陆游与辛弃疾的爱国词作，分析两人词风之异同。

学以致用

爱国，是人类最为崇高的情感，也是一个民族生生不息之源泉。请你们以班级或小组为单位，走向户外，搞一次爱国主题的活动。如，组织去烈士纪念馆缅怀烈士，也可参与其他活动。

DIERDANYUAN

第二单元

理想篇

第五课

晨读

答洛阳主人

唐•陈子昂

平生白云志，早爱赤松游。

事亲恨未立，从宦此中州。

主人何发问？旅客非悠悠。

方谒明天子，清宴奉良筹。

再取连城璧，三陟平津侯。

不然拂衣去，归从海上鸥。

宁随当代子，倾侧且沉浮？

◎ 释义

平素就有归隐山林的志向，很早就爱跟随赤松子游历，

我憾恨不能如愿侍奉双亲，在这中州做官羁留在此地。

洛阳主人为什么提出疑问？我虽然客居不想无所事事。

正要去朝谒圣明至尊天子，趁陛下安闲时献良策奇谋。

做第二个完璧归赵的英雄，也还想连升三级晋爵封侯。

不然我袖子一甩就离开这，回去与海鸥一起相互嬉游。

难道我能够追随着当代人，互相倾轧拆台在宦海沉浮？

◎ 注解

①洛阳主人：已不可考。②白云志：喻隐居求仙之志。③赤松：赤

松子，古代传说中的仙人。④“从宦”句：在中州这个地方做官。从宦，做官。中州，这里指洛阳。⑤旅客：客居他乡的人，这里是诗人自指。⑥清宴：同“清晏”，清闲。⑦连城璧：指价值连城的和氏璧。此处意为，想建立蔺相如完璧归赵那样的功业。⑧“三陟（zhì）”句：《史记·平津侯列传》载，汉武帝时公孙弘起初为博士，后拜御史大夫，又升为丞相，封平津侯。陟，晋升。⑨倾侧：偏邪不正。

◎ 感悟

有唐一代，报效国家、建功立业成了读书人的最高理想，从骆宾王到卢照邻，从高适到李贺，从杜甫到岑参，莫不如此，陈子昂也不例外。杜甫的理想是“致君尧舜上，再使风俗淳”，李贺的理想是“男儿何不带吴钩，收取关山五十州”，而陈子昂更加直接干脆：“再取连城璧，三陟平津侯。”那种高蹈胸怀，那种豪迈气概，那种“舍我其谁”的气魄，今天读来，仍让人热血沸腾！

晚诵

送魏大从军

唐·陈子昂

匈奴犹未灭，魏绛复从戎。
怅别三河道，言追六郡雄。
雁山横代北，狐塞接云中。
勿使燕然上，独有汉臣功。

◎ 释义

匈奴还未全部消灭，魏绛再次从军出征。
怅然告别三河古道，追随六郡英雄建功。
雁山横亘代北之地，飞狐岭连接着云中。
不要使得燕然山上，独有汉将刻碑立功。

◎ 注解

①魏大，陈子昂的友人，姓魏，在兄弟中排行第一，故称。②匈奴：这里化用霍去病“匈奴未灭，何以家为”的典故，以代指魏大为国出征的豪迈之情。实际上，魏大出征讨伐的不是匈奴，而是突厥。③魏绛（jiàng）：魏庄子，春秋时晋国大夫，曾辅佐晋悼公九合诸侯，复兴霸业，死后谥庄子。这里指代作者的朋友魏大。④复：又。⑤从戎：投军。⑥三河：古称河内、河南、河东三郡为“三河”，故地在黄河流域中段平原地区。大概作者和朋友在这一带分别。⑦六郡雄：原指金城、陇西、天水、安定、北地、上郡的英雄，这里专指西汉时在边地立过功的赵充国。《汉书》中记载其为“六郡良家子”。⑧“雁山”句：雁山，即雁门山，在今山西代县，是山西三关之一。横代北，横亘在代州之北。⑨“狐塞（sài）”句：飞狐岭连接着云中。狐塞，飞狐塞的省称，在今河北省境内。塞，边界上的险要之处。云中，云中郡，治所在今山西大同。⑩“勿使”两句：《后汉书·窦宪传》记载，窦宪为车骑将军，大破北单于，登燕然山，刻石纪功而还。燕（yān）然，古山名，即今蒙古人民共和国境内的杭爱山。独，只。

◎ 感悟

本诗虽然是送别诗，但一扫同类题材诗歌中的缠绵悱恻之风，黯然神伤之气，而从高处立意，从大处着眼，激励出征者疆场杀敌，为国建功。全诗一气呵成，充满了昂扬向上的精神，表现出诗人“感时思报国，拔剑起蒿莱”的高远情怀，读来犹闻战鼓咚咚之声，颇具气壮山河之势。

温故知新

陈子昂（659—700），字伯玉，梓州射洪（今四川省遂宁市射洪县）人，唐代著名文学家。其代表作品有《感遇》三十八首、《登幽州台歌》等。

第六课

晨读　送李副使赴碛西官军

唐·岑参

火山六月应更热，赤亭道口行人绝。
知君惯度祁连城，岂能愁见轮台月？
脱鞍暂入酒家垆，送君万里西击胡。
功名只向马上取，真是英雄一丈夫！

◎ 释义

六月的火焰山更是灼热，赤亭道口行人基本断绝。
知道您经常度过祁连城，怎么会担心见到轮台月。
请您下马暂且来这酒店，送您西去万里击打狂胡。
建功立业只向马上求取，您是一位真英雄大丈夫。

◎ 注解

①送李副使赴碛（qì）西官军：唐玄宗天宝十年（751年）六月，这位姓李的副使从姑臧出发赶往安西，准备随高仙芝部队西征，岑参作此诗送别。碛西，即安西都护府（治所在今新疆库车附近）。官军，朝廷的部队。②火山：又名火焰山，在今新疆吐鲁番。③赤亭道口：即今火焰山的胜金口，为鄯善到吐鲁番的交通要道。④祁连城：十六国时前凉置祁连郡，郡城在祁连山旁，称祁连城，故址在今甘肃省。⑤轮台：这里指汉置古轮台（今新疆轮台东南），李副使赴碛西经过此地。⑥酒家垆（lú）：酒店。垆，旧时酒店里安放酒瓮的土台子。

◎ 感悟

这首送别诗既不写惜别的深情，也不写边塞的艰苦，而是热情鼓励友人赴军中参战，建功立业，博取功名。全诗熔叙事、抒情、议论于一炉，语言通俗，声调悠扬，韵律活泼，节奏感强，字里行间使人感到一股激情在荡漾，显示出一种豪迈的气势。

晚诵　发临洮将赴北庭留别

唐・岑参

闻说轮台路，连年见雪飞。
春风曾不到，汉使亦应稀。
白草通疏勒，青山过武威。
勤王敢道远，私向梦中归。

◎ 释义

听说通往轮台的路，连年可以看到雪飞。
春风不曾到过那里，朝廷使者也很稀少。
白草一直通往疏勒，苍茫山岭过了武威。
为王事岂敢说路远，只愿能在梦中回归。

◎ 注解

①发临洮将赴北庭留别：此诗为唐玄宗天宝十三年（754 年）作者赴北庭途经临洮时所作。临洮的旧友为他饯行，他作此诗留赠。临洮，即洮州（今甘肃临潭西），唐时与吐蕃接界。北庭，唐六都护府之一，治所为庭州（今新疆吉木萨尔北）。②轮台：唐代庭州属县，在今新疆乌鲁木齐。③疏勒：地名，唐时安西四镇之一，在今新疆疏勒。④“勤王”句：一作“不敢道远思”。勤王，为王事效力。

◎ 感悟

本诗的重点在最后两句。这两句全面抒发了诗人的家国情怀，是诗人感情的真实流露。“勤王敢道远”是指要竭尽全力报效国家，而“私向梦中归”则表达了诗人思念家乡、想念亲人的感受。这两句其实是把“报国”和“念家”巧妙地结合在了一起，他意在告诉朋友们，自古忠孝不能两全，远赴千里，不必伤感，好男儿志在四方。这两句点明了诗歌主旨，给读者以“言有尽而意无穷”之感。

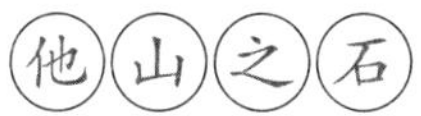

班超投笔从戎

班超，字仲升，东汉时期扶风平陵人，是徐县县令班彪的小儿子。班超从小就胸怀大志，学习用功，而且吃苦耐劳，孝顺恭谨，乡人都说这孩子长大后必成大器。汉明帝永平五年，他的哥哥班固奉命到洛阳担任校书郎，他与母亲也随同前往。因家境贫寒，生活清苦，班超经常为官府抄写文书来贴补家用。他每天从早到晚重复着这种单调乏味的工作。

有一天，班超忽然把抄写文件的笔丢在地上，长叹了一声，说：“男子汉大丈夫就算没有别的志向，也应该像傅介子、张骞那样到西域去建功立业，晋爵封侯，怎么能埋头于笔墨之间消磨时光呢？”旁边的人都笑话他，班超回答说：“你们这帮小子哪里会知道壮士的远大志向呢？”

机会终于来了，汉明帝十六年，班超跟随窦固出击匈奴，因作战英勇、战功显赫而得到了升迁。后来，朝廷又派遣班超出使西域。在出使西域的过程中，他靠着自己的勇敢和智慧克服了重重困难，同西域各国建立了良好的关系，使东汉王朝一度出现了“四夷宾服”的和谐景象。

班超在西域三十余年，直至汉和帝时，才因年老力衰而回到中原。为表彰他的卓越功勋，朝廷封他为定远侯。

——据《后汉书·班超列传》

第七课

晨读　赠白马王彪（节选）

三国魏·曹植

心悲动我神，弃置莫复陈。
丈夫志四海，万里犹比邻。
恩爱苟不亏，在远分日亲。
何必同衾帱，然后展殷勤。
忧思成疾疢，无乃儿女仁。
仓卒骨肉情，能不怀苦辛。

◎ 释义

心境悲伤触动了心神，应放下忧愁不再述陈。
大丈夫理应志在四海，相隔万里也犹如比邻。
兄弟的感情若无削减，相互远离情意会更深。
何必一定要同榻共眠，然后传达你我的殷勤。
过度的忧思会致疾病，切莫沉溺于儿女私情。
仓促间割舍的骨肉情，怎能不让人愁苦酸辛？

◎ 注解

①白马王彪：曹彪，曹植的异母弟弟。白马，地名，治所在今河南滑县。②陈：说，提起。③比邻：近邻。④亏：欠缺。⑤分（fèn）：合当。⑥日亲：一天比一天亲密。⑦衾帱（qīn chóu）：被子和帐子。⑧殷勤：情意恳切。⑨疾疢（chèn）：疾病。⑩无乃：岂不是。⑪仁：爱。⑫仓卒（cù）：同“仓促”，突然之间。这里指兄长曹彰的暴卒。

◎ 感悟

本诗尽显曹植一贯的风格：慷慨激昂，志存高远。他本人虽处逆境，但毫不气馁，更不沮丧，而是用“丈夫志四海，万里犹比邻”的豪言壮语来劝勉和开导曹彪，读来气势磅礴，荡气回肠。

晚诵 白马篇

三国魏·曹植

白马饰金羁，连翩西北驰。借问谁家子？幽并游侠儿。
少小去乡邑，扬声沙漠垂。宿昔秉良弓，楛矢何参差。
控弦破左的，右发摧月支。仰手接飞猱，俯身散马蹄。
狡捷过猴猿，勇剽若豹螭。边城多警急，虏骑数迁移。
羽檄从北来，厉马登高堤。长驱蹈匈奴，左顾陵鲜卑。
弃身锋刃端，性命安可怀？父母且不顾，何言子与妻？
名编壮士籍，不得中顾私。捐躯赴国难，视死忽如归！

◎ 释义

装饰着金色笼头的白马，连续不断地向西北驰去。这骑马的是谁家的孩子？幽州并州一带游侠骑士。

年纪轻轻就离别了家乡，到边塞建功美名远扬。一向手持弓箭勤学苦练，用楛木做成的箭错落有致。

拉开弓射中了左面的箭靶，右面一箭又摧毁了“月支”。箭向高处出手射中了猿猱，转身又射碎了箭靶“马蹄”。

他灵巧敏捷赛过猿猴，又勇猛轻疾如同豹螭。听说国家边境军情紧急，侵略者一次又一次进犯内地。

告急信从北方频频传来，游侠儿催战马跃上高堤。长驱直入捣毁匈奴老巢，再回师扫荡鲜卑的敌骑。

把身体放在刀枪剑戟间，哪会考虑个人性命生死？连孝顺父母也不能顾及，哪里还谈得上儿女妻子？

名和姓已列在壮士名册，早已经忘掉了个人私利。为国家解危难英勇献身，看死亡就好像回归故里！

◎ 注解

①白马篇：又名“游侠篇”，是曹植创作的乐府新题，以开头二字名篇。②金羁（jī）：金饰的马笼头。③连翩（piān）：连续不断，原指鸟飞的样子，这里用来形容白马奔驰的飘逸形象。④幽并：幽州和并州，在今河北、山西、陕西一带。⑤去乡邑：离开家乡。⑥扬声：扬名。⑦垂：同“陲”，边境。⑧宿昔：一向。宿，素。⑨秉：执、持。⑩楛（hù）矢：用楛木做成的箭。⑪参差（cēncī）：长短不齐的样子。⑫控弦：开弓。⑬的（dì）：箭靶。⑭摧：毁坏。⑮月支：一种箭靶的名称。⑯飞猱（náo）：飞奔的猿猴，猱，猿的一种，行动轻捷，攀缘树木，上下如飞。⑰散：射碎。⑱马蹄：一种箭靶的名称。⑲狡捷：灵活敏捷。⑳勇剽（piāo）：勇敢剽悍。㉑螭（chī）：传说中一种没有角的龙。㉒虏骑（jì）：指匈奴、鲜卑的骑兵。㉓数（shuò）迁移：经常进兵入侵。数，经常。㉔羽檄（xí）：军事文书，插鸟羽以示紧急，必须迅速传递。㉕厉马：扬鞭策马。㉖长驱：向前奔驰不止。㉗蹈：践踏。㉘顾：看。㉙陵：压制。㉚鲜卑：中国东北方的少数民族，东汉末成为北方强族。㉛弃身：舍身。㉜怀：爱惜。㉝籍：名册。㉞中顾私：心里想着个人的私事。中，内心。㉟捐躯：献身。㊱赴：奔赴。

◎ 感悟

本诗描述了一位少年英雄的形象：武艺超群，在战场上能冲锋陷阵，奋勇杀敌；品格高尚，国难当头，能弃身报国、视死如归。其实这是作者借诗抒怀，表达自己渴望为国建功立业的高远理想。

温故知新

曹植（192—232），字子建，曹操第三子，沛国谯（今安徽亳州）人，三国时期著名的文学家，建安文学的代表人物之一，代表作有《洛神赋》《白马篇》等。与父曹操、兄曹丕合称为“三曹”。

第八课

晨读　咏怀·其三十九

三国魏·阮籍

壮士何慷慨，志欲威八荒。
驱车远行役，受命念自忘。
良弓挟乌号，明甲有精光。
临难不顾生，身死魂飞扬。
岂为全躯士？效命争战场。
忠为百世荣，义使令名彰。
垂声谢后世，气节故有常。

◎ 释义

壮士们多么慷慨激昂啊，他们的志向要威震天下。
驾车长途跋涉戍守边疆，受命后抛掉了私心杂念。
腰上挂着那精良的弓箭，身上穿的铠甲闪闪发光。
面对危难不会顾及性命，纵然死了也会声名远扬。
岂是只顾保全自己的人？为国效命战场上争高低。
他们的忠魂将流芳百世，其侠肝义胆使美名传扬。
留下名声以便告诉后人，崇高的气节将万古长存。

◎ 注解

①八荒：八方的荒远之地。《说苑·辨物》："八荒之内有四海，四海之内有九州，天子处中州而制八方。"八荒与四海对举，指天下。②远行役：远征。③"受命"句：接受君王的命令后把私念都忘了。受命，接受国君的任命。念，私念。自忘，忘掉个人的一切。④乌号（háo）：良弓的名字。⑤明甲：即明光铠，一种良甲。⑥"临难"句：面对危难不考虑自己的生命。⑦"岂为"句：哪会做只顾保全自己的人。⑧争战场：在战场上与敌人争夺胜负。⑨令名：美名。⑩"垂声"句：流传声誉以告后世。垂声，留名。谢，告。

◎ 感悟

阮籍的《咏怀》诗共有八十二首，类似于"杂诗"，作者借此抒发自己的感慨和理想。本篇所选的是其中的第三十九首，描绘了战士们斗志昂扬、驰骋疆场、不怕牺牲、保家卫国的画面，讴歌了崇高而伟大的爱国主义理想，同时也抒写了自己内心甘愿为国捐躯、流芳后世的强烈愿望。

温故知新

阮籍（210—263），字嗣宗，陈留尉氏（今河南尉氏）人，三国魏末期的著名诗人，"建安七子"之一阮瑀的儿子，与嵇康等称"竹林七贤"。主要作品即《咏怀》八十二首。

阮　籍

晚诵

读《山海经》·其十

晋·陶渊明

精卫衔微木，将以填沧海。

刑天舞干戚，猛志固常在。

同物既无虑，化去不复悔。

徒设在昔心，良辰讵可待。

◎ 释义

精卫含着微小的木块，将要用它来填平沧海。
刑天挥舞盾牌和板斧，刚毅的斗志始终存在。
既然都是物就不多虑，化成了他物也不后悔。
昔日的雄心壮志仍在，实现的时刻何日到来？

◎ 注解

①“精卫”句：《山海经》里说，发鸠之山有精卫鸟，是炎帝的女儿女娃溺死在东海里变成的，因此她经常衔着木头和石块去填东海。衔，用嘴含。微木，细木。②“刑天”句：刑天，神话人物，因和天帝争斗，失败后被砍去了头，埋在常羊之山，但他不甘屈服，以两乳为目，以肚脐当嘴，仍然挥舞着盾牌和板斧来战。干，盾。戚，古代一种像斧的兵器。③猛志：勇猛的斗志。④“同物”句：精卫既然淹死而化为鸟，就和其他的事物相同，即使再死掉也不过从鸟化为另一种物，所以没有什么忧虑的。⑤“化去”句：刑天已被杀死，化为异物，但他并不悔恨。⑥徒：徒然，白白地。⑦昔心：往昔的壮志雄心。⑧良辰：实现壮志的好日子。这两句是说精卫和刑天徒然存在昔日的猛志，但实现

理想的日子难以到来。⑨讵（jù）：表示反问，岂，怎么。

◎ 感悟

陶渊明一生对自己的追求有执着的信念。在本诗中，他用“精卫”和“刑天”两个“不自量力”的神话人物不屈不挠的故事，诠释了为坚持理想而奋斗不息的精神。这种精神也是我们传统文化中最为光彩夺目之处。中华民族虽历经磨难，但仍生生不息，繁衍发展，其原因之一就是有这种自强不息的精神存在。即使在今天，这种精神也很难能可贵，需要发扬光大！

举一反三

一、曹植是建安时代最杰出的诗人，他的五言诗大多风格清新刚健，语言自然又不失华美，内容主要表现自己对政治理想和个人抱负的追求。课后通过相关的资料找出曹植的部分五言诗，细细品味，大声朗读，认真学习，感受作者的高远情怀。

二、结合陶渊明的人生经历和文学作品，分析一下“精卫衔微木，将以填沧海”和“采菊东篱下，悠然见南山”分别表现了诗人怎样的精神状态和理想情怀？

学以致用

“工欲善其事，必先利其器。”为了找到自己的理想工作，请结合课本《职业生涯规划》的要求，以及个人实际情况和所学专业，利用周末或节假日，去一些合适的公司做义工，在实践中检验和提升自己所学的知识，从而更加充实自己，为以后的工作打下基础。

DISANDANYUAN

第三单元

诚信篇

第九课

晨读　弟子规（节选）

清 • 李毓秀

凡出言，信为先，诈与妄，奚可焉！

话说多，不如少，惟其是，勿佞巧。

刻薄语，秽污词，市井气，切戒之。

◎ 释义

凡是开口说话，要以诚信为先，欺诈荒谬之词，那又怎么可以！

说话滔滔不绝，不如谨慎少言，应当实话实说，不能花言巧语。

尖酸刻薄之语，污秽不堪之词，市井无赖之气，务必戒除改变。

◎ 注解

①诈：欺骗，不诚实。②妄：荒谬，随意。③奚：疑问代词，怎么。④焉：句末语气词，啊，呢。⑤惟：只有。⑥其：代词，无实意。⑦是：真理，本质。⑧佞（nìng）巧：花言巧语骗人。

◎ 感悟

国无信不强，人无信不立。千百年来，诚信已成为我们中华民族共同坚守的价值观：无论说话做事，要以诚信为先，不可有市井气、无赖气，更不可狡诈、虚妄、巧舌如簧，甚至坑蒙拐骗；与其夸夸其谈、瞒天过海、云山雾罩，不如谨慎少言，守口如瓶。这些，都是诚信与否的重要体现。

晚诵

弟子规（节选）

清·李毓秀

见未真，勿轻言；知未的，勿轻传。

事非宜，勿轻诺，苟轻诺，进退错。

◎ 释义

没有看到真相，不可轻易发言；事情没弄清楚，不可轻易谣传。

不合义理之事，不要轻易许诺，如果随便许诺，就会进退两难。

◎ 注解

①的（dí）：真实，实在。②传：传播。③宜：适宜，恰当。④诺：许诺，答应。⑤苟：如果。

◎ 感悟

当今是一个信息社会，有鉴于此，无论何时何地，我们出言都须谨慎，不可轻信谣言，更不要传播谣言。古人云，谣言止于智者。轻信谣言，说明自己的修养还需提高。传播谣言，则可能给他人带来意想不到的伤害或损失，近几年这方面的负面例子实在太多，教训实在太沉重。所以，我们青年学生——网络世界的主力军们，更应该牢记先贤教诲，铭记智者嘱托，无论何时何地，都要做到谨言慎行！

第十课

晨读　吕氏春秋·贵信（节选）

战国·吕不韦

天行不信，不能成岁；地行不信，草木不大。春之德风，风不信，其华不盛，华不盛，则果实不生。夏之德暑，暑不信，其土不肥，土不肥，则长遂不精。秋之德雨，雨不信，其谷不坚，谷不坚，则五种不成。冬之德寒，寒不信，其地不刚，地不刚，则冻闭不开。天地之大，四时之化，而犹不能以不信成物，又况乎人事？

◎ 释义

天体运行不守诚信，就不能形成岁时；大地运行不守诚信，草木就不能长大。春天的特征是风，风不守诚信，花就不能盛开，花不盛开，那么果实就不生长。夏天的特征是暑热，暑热不守诚信，土地就不肥沃，土地不肥沃，那么植物生长成熟的情况就不好。秋天的特征是雨，雨不守诚信，谷粒就不饱满，谷粒不饱满，那么五谷就不能成熟。冬天的特征是寒冷，寒冷不守诚信，土地就冻得不坚固，地冻得不坚固，那么就不能冻开裂缝。天地如此辽阔，四时变化如此之大，尚且不能不遵守诚信以生成万物，更何况人事呢？

◎ 注解

①天行不信：天的运行不遵循规律，指节气失调等。②德：事物的属性，这里引申为“特征”。③华：通“花”。④遂：成。⑤坚：坚实，指谷粒成熟，坚实饱满。⑥冻闭不开：指地冻得不能裂开。

◎ 感悟

天体运行不诚信，就不能形成岁时；大地运行没有诚信，草木就不能生长。大自然尚且要遵循诚信之道，何况是人类社会呢？人和人的关系如此复杂，人和人的交往如此之多，如果不讲诚信，社会就会陷入无序状态，人类的活动也会混乱不堪。因此，讲诚信，不仅是一种理念，更是一种必要的准则。

晚诵　吕氏春秋·贵信（节选）

战国·吕不韦

君臣不信，则百姓诽谤，社稷不宁；处官不信，则少不畏长，贵贱相轻；赏罚不信，则民易犯法，不可使令；交友不信，则离散郁怨，不能相亲；百工不信，则器械苦伪，丹漆染色不贞。夫可与为始，可与为终，可与尊通，可与卑穷者，其唯信乎！信而又信，重袭于身，乃通于天。以此治人，则膏雨甘露降矣，寒暑四时当矣。

◎ 释义

君臣不诚信，那么百姓就会批评指责，国家就不会安宁；做官不诚信，那么年少的就不敬畏年长的，地位尊贵的和地位低贱的就相互轻视；赏罚不诚信，那么百姓就容易犯法，不可以役使；结交朋友不诚信，那么就会产生隔膜怨恨，不能相互亲近；各种工匠不诚信，那么制造器械就会粗劣作假，所用的颜料就不纯正。可以一同开始，可以一起终结，可以一同尊贵显达，可以一同卑微困厄的，大概只有诚信了吧！诚信了再诚信，（诚信）重叠在身上，就会与天意相通。靠这来治理人，那么滋润大地的雨水和甘露就会降下来，寒暑四季就会得当了。

◎ 注解

①诽谤：批评，议论。②社稷：国家。③处官：居官。④郁怨：忧愁怨恨。⑤苦（gǔ）：通“盬”，粗劣。⑥伪：作假。⑦丹漆：二者均为颜料。丹，红色。漆，黑色。⑧贞：纯正。⑨可与为始：即“可与之为始”，意思是可以跟它（诚信）一块开始。⑩尊通：尊贵通达。⑪卑穷：卑下穷困。⑫重袭：重叠。⑬膏雨：雨水。

◎ 感悟

这段文字不厌其烦地列出了不讲诚信的几种后果：“君臣不信，则百姓诽谤，社稷不宁；处官不信，则少不畏长，贵贱相轻；赏罚不信，则民易犯法，不可使令；交友不信，则离散郁怨，不能相亲；百工不信，则器械苦伪，丹漆染色不贞。”我们的先哲讲起“诚信”来可谓是苦口婆心，语重心长，但直至今天，仍有许多人视“诚信”为无物，视失信为当然。看看后果吧：一些官员失去了诚信，官、民关系一团糟糕，群体事件接踵而至；一些商人失去了诚信，债、权双方大打出手，偌大的事业岌岌可危……就个人来说，如果不讲诚信，不仅会对自己造成不良影响，甚至还会伤害他人，不可不引起我们的重视。

温故知新

《吕氏春秋》又称《吕览》，是战国末期秦相吕不韦召集诸门客集体编纂的一部著作。吕不韦编写本书的目的，是为即将诞生的秦帝国提出一套完整的治国方略。该书成书于先秦时期，除了它的哲学思想和政治思想外，还保存了大量的先秦史料及天文、历法、农业等方面的珍贵资料，是我国先秦时期的一部重要典籍。

范式如期赴约

东汉有个叫范式的人，字巨卿，是山阳郡金乡县人，年少时曾在太学学习。学习期间，他与汝南郡的张劭（shào）相识相知，互帮互助，成了无话不谈的好朋友。

学业结束后，两人各回家乡，临别时，范式对张劭说："两年后，我会再来京城，顺路去你家，拜见令尊令堂大人，并看望令郎令爱。"张劭郑重地点点头，说："好，我一定等着你！"于是，两人约定了相会的具体日期，便挥泪告别了。

两年很快就过去了，相约的日期即将来临。张劭很激动，他请母亲准备好美酒佳肴，为范式接风。母亲疑惑地问："这个约定都两年了，时间过去了那么久，而且两地相距遥远，我看范式不会来啦。"张劭斩钉截铁地说："巨卿是个诚信君子，我坚信他一定能来。""如果他真来了，我一定拿出美酒给你们喝。"母亲说道。

约定的日期到了，范式果然如约而至。好友相见，格外激动，两人把盏言欢，畅叙别后之情，真乃不亦乐乎！

面对此情此景，张劭母亲说："范式真是个诚实守信的君子啊！"

——据《后汉书·独行列传》

第十一课

晨读　韩诗外传·卷四（节选）

汉·韩婴

哀公问取人。孔子曰："无取健，无取佞，无取口谗。健，骄也。佞，谄也。口谗，诞也。故弓调，然后求劲焉；马服，然后求良焉；士信悫，而后求知焉。士不信悫而又多知，譬之豺狼与，其难以身近也。"

◎ 释义

鲁哀公问怎样选人。孔子说："不要选取健者，不要选取佞者，不要选取口谗者。健，就是骄傲。佞，就是谄媚。口谗就是虚妄不实。所以，弓先做到协调，再要求强劲；马先使其驯服，然后再要求精良；人先做到诚实，然后再要求智慧。一个人如果不诚实而又多智，就好比是豺狼之类，是难以接近的。"

◎ 注解

①哀公：鲁哀公。②悫（què）：诚实，谨慎。

◎ 感悟

诚实守信就是做人要真诚，言行要一致。如果傲慢无礼，如果阿谀奉承，如果虚妄不实，都与诚信相差万里，是君子所不为，自然也不会被人重用，更难在生活和事业中找到自己的一席之地。孔子说："人要先做到诚实，然后再讲究智慧。"看来他老人家把诚实看得比智慧还要重要。孔子还指出，一个人如果有智慧、有能力，但又不讲诚信，那就如豺狼一般可怕。可见，诚信对一个人而言，是多么重要啊！

晚诵　韩诗外传·卷五（节选）

汉·韩婴

传曰：骄溢之君寡忠，口惠①之人鲜信。故盈②把之木无合拱之枝，荥泽③之水无吞舟之鱼。根浅则枝叶短，本绝则枝叶枯。《诗》曰："枝叶未有害，本实先拨。④"祸福自己出也。

◎ 释义

有记载说：骄傲过分的人是很少对君主忠诚的，空口许人好处的人是很少讲究诚信的。所以，满把粗的树木不可能有合抱粗的树枝，小河小湖中不可能有吞掉船只的大鱼。树根浅枝叶就短小，树根断了枝叶也就干枯了。《诗经》上说："大树的枝叶没有损害，而根却先断了。"祸和福都是从自己身上出来的。

◎ 注解

①惠：好处。②盈：满。③荥（xíng）泽：小水貌。一说古泽名，在《尚书·禹贡》中有记载，一般认为在现在郑州市一带，现已消失。④"枝叶"两句：语出《诗经·大雅·荡》，意思是说大树的枝叶没有损害，但根却先断了。拨，断绝。

◎ 感悟

"骄傲过分的人是很少对君主忠诚的，空口许人好处的人是很少讲究诚信的。"看来诚信实为做人的根本。树根浅枝叶就短小，树根断了枝叶就干枯了；如果不讲诚信，就丢掉了做人的基础和根本，那你在社会上也就很难立足了。

第十二课

晨读　韩诗外传·卷六（节选）

汉·韩婴

子路治蒲三年，孔子过之，入其境而善之，曰："善哉！由恭敬以信矣。"入其邑，曰："善哉！由忠信以宽矣。"至其庭，曰："善哉！由明察以断矣。"子贡执辔而问曰："夫子未见由，而三称善，可得闻乎？"孔子曰："我入其境，田畴甚易，草莱甚辟。此恭敬以信，故其民尽力。入其邑，墉屋甚尊，树木甚茂。此忠信以宽，故其民不偷。入其庭，甚闲，故其民不扰也。"《诗》曰："夙兴夜寐，洒扫庭内。"

◎ 释义

子路治理蒲地三年，孔子经过那里，进入蒲地境内就夸赞子路，说："好啊！仲由谦恭有礼、讲究信义。"进入城里，孔子说："好啊！仲由忠诚可靠、为人宽厚。"到了庭院里，孔子又说："好啊！仲由明察秋毫、断案公道。"子贡手握马辔头问："老师您还没看见仲由，就三次称赞他，能听听您的理由吗？"孔子说："我进入他的境内，发现田地治理得很好，荒芜的土地开垦得也很好。这是因为他谦恭有礼、讲究信义，所以百姓都尽力劳动。进入城内，发现城墙、房屋都很高，树木茂盛。这是因为他忠诚可靠、为人宽厚，所以百姓不轻薄。进入庭院，发现人们很闲适，这是因为他明察秋毫、断案公道，所以百姓不纷扰。"《诗经》上说："早起晚睡，洒水扫地。"（大概指的就是这种局面。）

◎ 注解

①邑：小城镇。②子贡：姓端木，名赐，字子贡，孔子的学生，曾仕鲁国、卫国。③辔（pèi）：驾驭牲口的嚼子和缰绳。④畴：已耕作的田地。⑤易：治理。⑥莱：杂草，这里指荒芜没开垦的土地。⑦辟：开辟，开垦。⑧墉（yōng）：城墙。⑨尊：高。⑩偷：轻薄。⑪"夙兴"二句：出自《诗经·大雅·抑》。意思是早起晚睡，洒水扫地。表示勤劳。

◎ 感悟

"无诚则无德，无信事难成。"同样道理，"有诚则有德，有信事好成。"孔子为何对自己的学生子路赞不绝口？因为他看到子路理政，抓住了重点：恭敬以信。有了敬和信，于是，田地平整、百姓乐业、彬彬有礼……诚信之效力，由此可见一斑。

晚诵　韩诗外传·卷九（节选）

汉·韩婴

孟子少时，东家杀豚。孟子问其母曰："东家杀豚何为？"母曰："欲啖汝。"其母自悔失言。曰："吾怀妊是子，席不正不坐，割不正不食，胎教之也。今适有知而欺之，是教之不信也。"乃买东家豚肉以食之，明不欺也。

◎ 释义

孟子小时候，看到东邻家杀猪，问他的母亲说："东邻杀猪干什么？"他母亲回答："想给你肉吃呀！"说完，他母亲就后悔自己说错了话。自言自语道："当初我怀这个孩子的时候，席子没摆正我就不坐，食物切不方正我就不吃，这是在母胎里就教育他。现在孩子刚懂事我就欺骗他，是教他不讲信用啊！"于是，她就买了东邻的猪肉给他吃，以证明没有欺骗孩子。

◎ 注解

①豚（tún）：小猪。②啖（dàn）：吃，给……吃。③妊（rèn）：怀孕。④是：这，这个。⑤适：刚刚。

◎ 感悟

常言道，父母是孩子的第一任老师。孩子的性格、习惯、爱好、兴趣，尤其是处世观、价值观的形成，无不与父母的言传身教有直接的关系。孟母深知教育的重要意义，我们可以肯定地说，孟轲长大以后，能成为"亚圣"，其中，孟母的教育起到了至关重要的作用。观之当今，那些自己虚度光阴却教育子女要珍惜时间，自己无所事事却教育子女要努力学习，自己游手好闲却教育子女去艰苦创业，自己坑蒙拐骗却教育子女去诚实守信的父母们，应该进行深刻的反思了。

温故知新

《韩诗外传》，西汉韩婴撰。韩婴，西汉初年著名的经学家，以治《诗经》著称。《诗经》毁于秦始皇“焚书坑儒”，借助学者之口，得以背诵流传下来。韩婴所传的《韩诗》与《齐诗》《鲁诗》《毛诗》合称为《诗经》“四家诗”。《韩诗外传》是一部采择上古至西汉初年的历史故事传说、人物言行、诸子杂说编撰而成的“说部”之书，它的特点是，在每一则故事或者每一条议论之后都引《诗经》。但是，书中引用《诗经》只是为了印证故事或议论，而不是为了解释《诗经》，因此被称为“外传”。《韩诗外传》具有极为重要的文献和文学价值，是我国古代一部重要的文化典籍。

举一反三

一、课后找出《弟子规》关于诚信的原文，翻译并背诵。

二、针对本单元第十课“晚诵”的内容，写一篇标题为《失信的后果》的读后感。

学以致用

古今中外有很多关于“诚信”的小故事，请同学们课下搜集一下，并挑选出一个自己认为最精彩的与大家分享，以小组为单位，组织一次“精彩故事会”。

DISIDANYUAN

第四单元

礼仪篇

第十三课

晨读　礼记·曲礼上（节选）

夫礼者，所以定亲疏、决嫌疑、别同异、明是非也。礼，不妄说人，不辞费。礼，不逾节，不侵侮，不好狎。修身践言，谓之善行。行修言道，礼之质也。礼，闻取于人，不闻取人。礼，闻来学，不闻往教。

◎ 释义

礼，是用来决定亲疏、判断嫌疑、分别异同、明辨是非的。礼，不胡乱取悦、讨好他人，不乱说一气。礼，不逾越规矩，不侵犯侮辱，不轻佻狎昵。提高自身修养，践行自己所言，叫作善行。行为有修养，说话合于道理，这是礼的本质。礼，只听说要主动向别人取法学习，没听说硬让别人取法学习的。礼，只听说学礼者前来学习，没听说传授礼仪的人主动跑上门教导人家的。

◎ 注解

①说（yuè）：同“悦”。②狎（xiá）：亲近而态度不庄重。

◎ 感悟

这段话阐明了“礼”的重要意义，并对人们的言行举止进行了较为详细的规范：行为庄重、践行诺言、谨守规矩、言之有理，即符合礼；反之，举止轻佻、信口开河、故意讨好他人，甚至动辄恃强凌弱，都是不合乎“礼”的行为。以上观点，即使放在今天，也具有非常重要的现实意义。

晚诵　礼记·曲礼上（节选）

太上贵德，其次务施报。礼尚往来，往而不来，非礼也；来而不往，亦非礼也。人有礼则安，无礼则危。故曰：礼者不可不学也。夫礼者，自卑而尊人，虽负贩者，必有尊也，而况富贵乎？富贵而知好礼，则不骄不淫；贫贱而知好礼，则志不慑。

◎ 释义

上古时，人们以德为贵，后来才讲求施惠与报答。礼，崇尚有来有往，施惠于人而人却不来报答，是不合礼的；受惠于人，却不去报答对方，也不合礼。人有礼，社会便得以安定，人无礼，社会就存有危险。所以说：礼，不能不学！礼的实质在于对自己谦卑，对他人尊重，即使那些挑着担子做买卖的小贩，也一定有自己的尊严，更何况富贵的人呢？身处富贵而好礼，就不会骄奢淫逸；身处贫贱而好礼，心志就不会怯懦畏缩。

◎ 注解

①太上：指上古的三皇五帝时期。②其次：指上古以后的时代。③尚：崇尚。④负：担负。⑤慑（shè）：胆怯。

◎ 感悟

来而不往非礼也。“礼尚往来”一直是国人人际交往中所秉承的重要原则。推而广之，在人际交往中有来有往，不仅增强了人与人之间的感情，加深了人与人之间的友谊，而且对整个社会的和谐、安定，对整个社会良好风气的形成都大有裨益。从这个意义上看，礼的重要性也就不言自喻了。

温故知新

《礼记》有《大戴礼记》与《小戴礼记》之分，现在所说的《礼记》一般是指《小戴礼记》。《礼记》是一部以儒家礼论为主的论文汇编，自东汉郑玄以来，传统观点都认为《礼记》是由西汉戴圣对秦汉以前的礼仪著作加以辑录，编纂成书的。

第十四课

晨读　礼记·冠义（节选）

凡人之所以为人者，礼义也。礼义之始，在于正容体、齐颜色、顺辞令。容体正，颜色齐，辞令顺，而后礼义备。以正君臣、亲父子、和长幼。君臣正，父子亲，长幼和，而后礼义立。

◎ 释义

人之所以为人，是因为有礼义。礼义的起始，在于使容貌体态端正、使神色表情恰当、使言语辞令顺畅。容貌体态端正了，神色表情恰当了，言语辞令顺畅了，然后礼义的要素就齐备了。（其次，礼义的意义，还在于）使君臣关系正确、父子关系亲密、长幼之间和睦。君臣关系正确了，父子之间亲密了，长幼之间和睦了，然后礼义就算确立了。

◎ 注解

①颜色：神色，脸色。②备：齐备，完备。

◎ 感悟

礼仪无处不在，包括生活的细微之处，如容貌体态、言谈举止等。当今是一个多元开放的时代，穿衣戴帽各有所好是常态和必然，他人无权干涉，也不能干涉。但就个人而言，如何穿，穿什么，在满足自己审美需求的同时，也应考虑他人的感受，也要符合起码的社会礼仪和风俗习惯，切不可出格、过分，有碍他人观瞻；与人交流时，也要注意自己的语气、用词、神态，也要考虑场合、对象、时间，切不可随意打断对方的谈话，更不能强词夺理，胡搅蛮缠，任意取闹。如果做到这些，那么，父母和子女的关系也就亲密了，朋友之间的关系也就理顺了，整个社会也就和谐了。

晚诵

礼记·冠义（节选）

故孝弟忠顺之行立，而后可以为人，可以为人，而后可以治人也。故圣王重礼。

◎ 释义

所以孝顺父母、友爱兄弟、忠诚君王、顺从长辈的行为做到了，然后才算可以做人，可以做人，然后才可以治理人。所以圣王重视礼。

◎ 注解

① 弟（tì），同“悌”。

◎ 感悟

“子孝双亲乐，家和万事兴。”孝顺父母、友爱兄弟、忠诚君王、顺从长辈是古代礼义之道的重要组成部分。俗语说：百善孝为先。此言对身处新时代的我们同样适用，一个人如果对父母都没有孝心，那又如何去爱他人、爱工作、爱社会、爱国家呢?

他山之石

“六尺巷”的故事

这是一个真实的故事。

清朝康熙年间，安徽桐城有个著名的张氏家族。家族中有个人叫张英，在朝廷做礼部尚书，其儿子张廷玉也是朝中大臣。对当时的张氏家族来说，真可谓“烈火烹油，鲜花着锦”了。

张家的邻居吴家，也有人在朝中做大官。两家中间原本有块小小的空地，张家认为产权应该全部属于他们的，但被吴家占用了一部分。张家向吴家索要，没有成功。为此，张家很恼火，一纸诉状把吴家告到了县衙。县令考虑到这两家都是名门望族，哪边都得罪不起，所以一直不敢轻易断案。

张家人等不到官府的判决，又咽不下这口气，就直接给在京城的张英写信，希望他出面解决这件事。张英收到信后，没按家人的想法去做，而是回了这样一封信：

千里修书只为墙，让他三尺又何妨。

万里长城今犹在，不见当年秦始皇。

张家人看完张英的回信，明白了他的意思，就不再跟吴家纠缠，主动让出了自己这边的三尺地。吴家在得知了事情的原委后，深受感动，也让出了先前占下的三尺地。这样，两家各退一步，就形成了一个六尺宽的巷子。

这就是“六尺巷”的由来。

如今的“六尺巷”，位于安徽省桐城市的西南一隅，巷子两端有清朝康熙年间所立的牌坊，牌坊上刻着“礼让”二字。2007年4月，“桐城文庙——六尺巷”成为3A级国家旅游景区。

“六尺巷”是中华民族和谐礼让传统美德的象征。

第十五课

晨读　论语·泰伯（一则）

子曰："恭而无礼则劳，慎而无礼则葸，勇而无礼则乱，直而无礼则绞。君子笃于亲，则民兴于仁；故旧不遗，则民不偷。"

◎ 释义

孔子说："只一味恭敬而不懂礼节，就会徒劳无功；只知行事要谨慎却不懂礼节，就会胆小怕事；只知道勇猛而不懂礼节，就会鲁莽闯祸；只知道说话直率却不懂礼节，就会出口伤人。在上位的人如果厚待自己的亲属，百姓中就会兴起仁爱的风气；在上位的人如果不遗弃老朋友，那百姓自然也就不会对人冷漠无情了。"

◎ 注解

①劳：辛劳，劳苦。②葸（xǐ）：拘谨，畏惧的样子。③绞：说话尖刻，出口伤人。④笃：厚待，真诚。⑤故旧：故交，老朋友。⑥偷：淡薄。

◎ 感悟

中国向来有"礼仪之邦"的美誉。讲礼仪有助于提升个人修养，美化个人生活，更能改善社会关系，净化社会风气。但讲礼仪也要奉行敬人、自律、适度、真诚的原则，不能一味地恭敬、谨慎、勇猛、直率，"过犹不及"，过于烦琐或过于简单的礼仪在生活中都是不可取的。

ⓦⓓ 论语·乡党（一则）

升车，必正立，执绥。车中，不内顾，不疾言，不亲指。

◎ 释义

上车的时候，一定先端端正正地站好，然后拉着扶手带上车。在车里面，不回头看，不很快地说话，不用手指指点点。

◎ 注解

①升车：上车。②执绥（suí）：抓住上车时的绳索。绥，古代登车时手挽的绳索。③内顾：回头看。④疾言：快速地说话。⑤亲指：用手指指点点。

◎ 感悟

这里记述的是与登车相关的具体礼节，这一点对常常乘车的我们来说尤具启发意义。坐车可不仅仅是“坐过去”那么简单，譬如乘坐出租车时，可以预订，也可以随手拦。拦车时要保持风度，叫车时要考虑到司机师傅是否方便，不要大声叫喊，更不能大幅度地挥手。乘坐公交车时，看到老、弱、病、残、孕及带小孩的，要主动让座。无论乘坐何种车辆，都要注意言谈举止，保持车内安静整洁，不大声喧哗，不乱吃零食，不乱扔垃圾。

第十六课

晨读　孔子家语·王言解（节选）

曾子曰："敢问何谓七教？"

孔子曰："上敬老则下益孝，上尊齿则下益悌，上乐施则下益宽，上亲贤则下择友，上好德则下不隐，上恶贪则下耻争，上廉让则下耻节，此之谓七教。……"

◎ 释义

曾子问："敢问什么是七教呢？"

孔子回答说："居上位的人尊敬老人，那么下层百姓会更加孝敬，居上位的人尊敬长者，那么下层百姓会更加敬爱兄长，居上位的人乐善好施，那么下层百姓待人会更加宽厚，居上位的人亲近贤人，那么下层百姓会择良友而交，居上位的人注重道德修养，那么下层百姓就不会隐瞒自己的观点，居上位的人憎恶贪婪的行为，那么下层百姓就会以争利为耻，居上位的人讲究廉洁谦让，那么下层百姓就会以不讲气节德操为耻。这就是所说的七种教化。……"

◎ 注解

①齿：比自己年长的人。②让：谦让。

◎ 感悟

这一段，孔子告诉我们什么是"七教"。所谓"七教"，就是要求居上位者要在“敬老”“尊齿”“乐施”“亲贤”“好德”“恶贪”和“廉让”这七个方面做好表率。正如孔子在《论语·为政》中所指出的：“为政以德，譬如北辰。居其所而众星共之。”这就是说，管理者只要秉持“以德治国”的理念，就会像北极星被众星环绕一般，形成强大的向心力。只有管理者具有高尚的道德品质，才能对被管理者产生巨大的感召力和说服力。

晚诵　孔子家语·问礼（节选）

哀公问于孔子曰：“大礼何如？子之言礼，何其尊也？”孔子对曰：“丘也鄙人，不足以知大礼也。”公曰：“吾子言焉！”

孔子曰：“丘闻之，民之所以生者，礼为大。非礼则无以节事天地之神焉，非礼则无以辨君臣、上下、长幼之位焉，非礼则无以别男女、父子、兄弟、婚姻、亲族、疏数之交焉。是故君子此之为尊敬，然后以其所能教顺百姓，不废其会节。……”

◎ 释义

鲁哀公向孔子请教，说：“隆重的礼仪是什么样的？您为什么把礼说得那么重要呢？”孔子回答道：“我是个鄙陋的人，不能够了解隆重的礼仪。”鲁哀公说：“您还是说说吧！”

孔子回答道：“我听说，在民众的生活当中，礼仪是最为重要的。没有礼仪就不能有节制地侍奉天地神灵，没有礼仪就无法分辨君臣、上下、长幼的地位，没有礼就不能分别男女、父子、兄弟、婚姻、亲族、亲疏远近的相互关系。因此，君主把礼看得非常重要，认识到这一点后，用他所了解的礼来教化引导百姓，使他们懂得礼的重要和礼的界限。……”

◎ 注解

①哀公：鲁哀公。②大礼：隆重的礼仪。③疏数（cù）：亲疏远近。数，密，这里指亲密。④教顺：教化引导。⑤会节：旧注，“会指理之所聚而不可遗处，节谓分之所限而不可过处。”意指最重要的礼和最高的界限。

◎ 感悟

“没有礼仪就不能有节制地侍奉天地神灵，没有礼仪就无法分辨君臣、上下、长幼的地位，没有礼仪就不能分别男女、父子、兄弟、婚姻、亲族、亲疏远近的相互关系。”本段文字，可以说是孔子对《礼记·曲礼上》的“夫礼者，所以定亲疏、决嫌疑、别同异、明是非”的最好解释。在孔子看来，一个社会，若不知礼、讲礼，那这个社会就会君不君、臣不臣、父不父、子不子，就会陷入失衡和无序状态——在当时那个法治欠缺的时代，礼的重要意义就不言自明了。

温故知新

《孔子家语》又名《孔氏家语》，或简称《家语》，是一部记录孔子及孔门弟子思想言行的著作。现在流行的《孔子家语》，一般称为今本《孔子家语》，是由汉代的孔安国根据旧有材料写定的。过去因为疑古派的非难，学界多认为《孔子家语》是伪书，但近代简帛文献的不断出土，证明其确为先秦旧籍，其文献价值越来越为学界所重视。《孔子家语》有“儒学研究第一书”之称。

举一反三

星期天，小林到西湖去玩，路上他向一位老大爷问路：“喂，老头儿，到西湖怎么走？老实告诉我还有多远？”老大爷看了看小林说：“顺公路走，有一千丈；选小路走，只六百丈。”小林听了不解地说：“你这人怎么讲‘丈’不讲‘里’？”老大爷笑着说：“小朋友，原来你也知道讲‘礼’呀！”

1. 老大爷的话外之意是什么？

2. 如果你是小林，你打算怎样向老大爷问路？请把你的问话写出来。

学以致用

礼仪文明是人类追求真善美的标志。在生活和工作中，处处有礼仪，时时需礼仪。请从下面随机选取一个主题，组织一次关于礼仪的活动，并把知礼、用礼、行礼等方面的文明行为贯穿始终。

情景主题一：寝室礼仪

情景主题二：课堂礼仪

情景主题三：电话礼仪

第五单元

DIWUDANYUAN

修身篇

第十七课

晨读　菜根谭（第一八九则）

明•洪应明

处世让一步为高，退步即进步的张本；待人宽一分是福，利人实利己的根基。

◎ 释义

为人处世，遇事退让一步是最高明的，因为眼前让一步就为以后进一步留下了余地；待人接物，宽厚大度的人才是最有福的，因为给别人提供方便也就为方便自己打下了基础。

◎ 注解

①让：退让，谦让。②张本：预先做好的安排。②宽：宽厚，厚道。

◎ 感悟

读《菜根谭》，最大的收获是，先哲一再告诉我们：为人处世，忍让为本，宽厚是福。人皆有弱点，人都有不足，你不能要求别人尽善尽美，不犯错误；千人千脾气，万人万模样，每个人的兴趣爱好、行为习惯，甚至处世观和价值观都千

差万别，你不能强制他人和你完全一样。古人云：“水至清则无鱼，人至察则无徒。”你如果对他人要求太过，那就足能显示你为人的苛刻。苛刻之人，最终必成“孤家寡人”。“孤家寡人”也就没有什么“福报”可言了。

晚诵　菜根谭（第二一八则）

明•洪应明

我有功于人不可念①，而过②则不可不念；人有恩于我不可忘，而怨则不可不忘。

◎ 释义

我即使对人有过很大的帮助或恩惠，也不要时时记在心上，但如果我做了什么对不起别人的事就应该时刻牢记心头；别人如果对我有什么帮助或恩惠，不要轻易忘掉，但别人如果有什么事对不起我，就没必要耿耿于怀了。

◎ 注解

①念：惦记，常常想。②过：过错。

◎ 感悟

我们的周围常常有这么一类人：他帮过你，他就念念不忘，动辄提及对你的恩情，若有机会，就要求你报答他；你帮过他，他却不以为意，你若偶尔提及，他会言之凿凿：我不能报答你一辈子。还有一类人，对自己的过错熟视无睹，“揣着明白装糊涂”，既无改过之心，亦无反悔之意；对他人的过错，他却耿耿于怀。以上两类人，应该好好看看《菜根谭》，然后“反求诸己”，三省吾身，切实提高个人修养！

温故知新

《菜根谭》是明朝洪应明收集编著的一部论述修养、做人、处世的语录集，成书于明万历年间。作者以“菜根”为本书命名，意谓“咬得菜根，百事可做”（人的才智和修养只有经过艰苦磨炼才能获得）。洪应明，字自诚，号还初道人，生平不详。

第十八课

晨读　菜根谭（第二八二则）

明•洪应明

毋因群疑而阻独见，毋任己意而废人言，毋私小惠而伤大体，毋借公论以快私情。

◎ 释义

不可因为大多数人都怀疑你就放弃了自己的独立见解，不可因为固执己见而废止了他人的意见，不可以为了个人的小好处而损害了集体的大利益，更不可以假借公众的舆论来满足个人的私心。

◎ 注解

①毋：不，不要。②惠：好处。③快：使……快乐。

◎ 感悟

“毋私小惠而伤大体”一句特别具有现实意义。目下的中国，正掀起了新一轮改革的大潮，“改革的复杂程度、敏感程度、艰巨程度，一点都不亚于三十多年前”。为何改革的难度如此之大？原因固然很多，但其中非常重要的一点是：那些既得利益者们，往往“私小惠而伤大体”，为了一己之利，为了一己之权，置百姓、社会、国家的利益于不顾，对改革千般阻挠、百般抵制。这类人，也应该好好重温一下先哲的教诲，好好咀嚼一下《菜根谭》中的这句名言，然后有所戒，有所惧，继而有所作，有所为！

晚诵

菜根谭（第三三三则）

明·洪应明

毋忧拂意，毋喜快心，毋恃久安，毋惮初难。

◎ 释义

（一个人）不要在不如意时感到过分忧愁，不要在春风得意时感到过分高兴，对长久的安逸生活不要有过分的依赖，对事情起始时的艰难不要有过分的畏惧。

◎ 注解

①拂（fú）意：违背心意。拂，违背。②恃（shì）：依赖，依仗。③惮（dàn）：畏惧，害怕。

◎ 感悟

人生在世，顺境有之，逆境亦有之。处顺境时不得意忘形，处逆境时不消极沮丧，此为人生之大智慧；在安逸的环境中能居安思危，在事业的初始阶段亦不回避困难，此为人生之大境界。《菜根谭》的作者教导我们，艰难困苦最难忍受，但如若坚持到底，必能苦尽甘来，此所谓“人咬得菜根，则百事可做”。

他山之石

原宪贫而乐道

原宪是春秋时期鲁国人，他是孔子的学生之一。原宪的家境非常贫寒，住着一丈见方的小屋，用茅草铺的房顶，用蓬草编的房门，用破瓮当窗户，用木棍当门枢。每逢阴雨天，外面下大雨，屋内下小雨。纵然如此，原宪还是端端正正地在屋子里坐着，勤学而不辍，处贫而不忧。

有一天，同学子贡来探望他。子贡乘着华丽的轩车，穿着昂贵的皮衣，一副洋洋得意的样子。原宪家的胡同太窄，而子贡的轩车太宽，差一点就开不进去。原宪听说同学来了，便赶忙出门迎接：正正帽子，帽子带断了；抖抖衣襟，胳膊肘露出来了；提提鞋子，脚后跟又突出来了。子贡说："我的同学啊，你怎么这么苦呀！"原宪昂首回答道："我听说，没有钱财叫作贫，学习了却不去实践叫作苦，我这是贫而不是苦。至于为迎合世俗而行事，为谋个人私利而结伙，为取悦他人而学习，一味讲排场、摆阔气，这些都不是我原宪要做的。"子贡听了非常尴尬，进也不是，退也不是，最后还是悻悻地离开了。

于是原宪拖着手杖，慢悠悠地走回家去，一副优哉游哉的样子。一边走，一边唱着《商颂》，歌声激扬，直上云霄，好像金石乐器发出的声音。

后来有智者这样评价原宪："原宪这样的人，天子无法使他做臣子，诸侯无法和他交朋友。所以，修身养性的人把家室居所抛在了脑后，志向高远的人全然不顾个人生死。"一个人生死都置之度外了，谁还能羞辱他呢？

——据《韩诗外传》

第十九课

晨读 围炉夜话（第一〇则）

清·王永彬

名利之不宜得者竟得之，福终为祸；困穷之最难耐者能耐之，苦定回甘。生资之高在忠信，非关机巧；学业之美在德行，不仅文章。

◎ 释义

不该得到的功名利禄得到了，福气最终会转化为祸患；最难忍受的艰难困苦忍过来了，困苦必定会变成甘甜。做人最高的天赋资质在于忠信，不在于机变取巧；最美的学业在于德行高尚，而不仅仅限于好的文章。

◎ 注解

①生资：禀赋，资质。② 机巧：机变取巧。

◎ 感悟

本节意在告诉我们，做人要脚踏实地、诚实守信 ，不投机取巧，不见风使舵，不走捷径，不走歪路。曾国藩对这一点有深刻的体悟，无论是教子还是治军，他都反复强调“诚拙”功夫。“反求诸己”之谓“诚”，不偷惰取巧之谓“拙”。他在总结湘军精神时，说道：“呜呼！吾乡数君子，所以鼓舞群伦，历九州而勘大乱，非拙且诚者之效欤？”曾国藩不是迂夫子，更不是书呆子，“诚拙”功夫，不是迂不可及的说教，更不是大言欺世的谎话，而是他深刻洞察了官场、人生之后的宝贵经验。望我们好好品味，细细揣摩。

㊐㊐ 晚诵

围炉夜话（第三一则）

清·王永彬

贫贱非辱，贫贱而谄求于人为辱；富贵非荣，富贵而利济于世为荣。讲大经纶，只是实实落落；有真学问，决不怪怪奇奇。

◎ 释义

家境贫寒地位低贱并不是耻辱，因贫贱而去巴结奉承别人才是耻辱；家境富裕地位高贵并不是荣耀，富贵的同时能造福社会才是真正的荣耀。做大事的人，靠的是脚踏实地；有真学问的人，决不发奇谈怪论。

◎ 注解

①谄：奉承，巴结。②利济（jì）于世：指有益于社会和百姓。济，帮助，施惠。③经纶：整理蚕丝为经，编织蚕丝为纶，统称经纶。引申为筹划国家大事。

◎ 感悟

这一节首先讲贫贱与耻辱、富贵与荣耀的关系问题。人生在世，因这样那样的原因，处贫贱之境地实属常态，并不是什么耻辱之事。如果为了摆脱贫贱而趋炎附势，那才是耻辱；富贵也不是荣耀之事，扶危济困、助人为乐才是真正意义上的荣耀。做大事的人，若要成功，靠的不是投机取巧，而是脚踏实地的真功夫；真正有学问的人，绝不发奇谈怪论来哗众取宠、沽名钓誉。但是，反观当下，处贫贱之地自暴自弃者有之，处富贵之境得意忘形者亦有之。经商者，专走“后门”套取国家补贴的不乏其人；问学者，专走捷径骗取科研经费的亦大有人在。这类人，拿古人的教诲好好观照一下自己，能不汗颜吗？

第二十课

晨读　围炉夜话（第五八则）

清·王永彬

见人善行，多方赞成；见人过举，多方提醒，此长者待人之道也。闻人誉言，加意奋勉；闻人谤语，加意警惕，此君子修己之功也。

◎ 释义

看到别人做的好事，要多方面赞成；看到别人的过失，要多方面提醒，这是一位长者待人的方式。听到他人赞美自己的话，要更加发奋努力；听到他人批评自己的话，要更加有惕厉戒惧之心，这是一个君子修身正己的“功夫”。

◎ 注解

①过举：有过失的举动。②加意：特别注意，特别用心。③奋勉：发奋努力。④谤：批评。

◎ 感悟

修身养性往往从许多方面体现出来。和朋友相交，不仅要对他好的方面给予表扬称许，也应及时发现并指出他的过失，以帮助朋友及时改正，“消灾于未形，防患于未然”。这才是真正意义上的朋友。听到别人对自己的赞誉，不应飘飘然而忘乎所以，而应把此视为他人对自己的鞭策和勉励。对于朋友的善意提醒，也应从善如流，虚心接纳，“有则改之，无则加勉”。这一切，都是君子修己之功夫。

㊐㊑ 围炉夜话（第一六三则）

清·王永彬

为善之端无尽，只讲一“让”字，便人人可行；立身之道何穷，只得一“敬”字，便事事皆整。

◎ 释义

做善事的方面无穷无尽，只要讲求谦和辞让，就人人都能做善事；立身处世的道理无穷无尽，只要做到临事而敬，那所有的事都能做得井然有序。

◎ 注解

①端：事端，方面。②让：礼让，谦让。

◎ 感悟

当代人讲“善”，往往理解为多做善事、好事，多从事慈善活动，其实这是把“善”狭隘化了。实际上，与人为善更是“善”。如何与人为善，方式、方法很多，但最关键的还是在与人交往时要秉持一个“让”字，礼让、谦让、退让。对亲人、朋友的缺点要“让”，对亲人、朋友的无知要“让”；对名要“让”，对利要“让”。人生在世，如果能做到一个“让”字，那就是最大的“善端”了。立身之道无穷无尽，但最关键的是一个“敬”字。对天要敬，对地要敬，对人要敬，对事也要敬。敬者，敬畏之谓也。观之当下，某些位高者恃权专横，无法无天，不畏天，不畏地，不畏人；某些暴富者自鸣得意，趾高气扬，为富不仁，胡作非为；某些弱势者心态失衡，仇视人间，祸害社会。究其因，以上现象的出现，和当代人缺乏“敬畏”之心不无关系。

一、郑板桥有“吃亏是福”的名言。你觉得这句话对吗？请谈一谈你对这句话的理解。

二、子曰：“躬自厚而薄责于人，则远怨矣。”你对这句话是怎样理解的，请写出个人的感受。

学以致用

为牢固树立社会主义核心价值观，自觉践行“爱国、敬业、诚信、友善”的公民价值准则，请在全校组织一次“文明修身，立德树人”月度活动，以达到全面提高学生综合素质，创建文明和谐校园之目的。如，协助交警，管制好交通；做一次“节约用水，保护环境”的宣传；看望敬老院孤寡老人等。

DILIUDANYUAN

第六单元

友善篇

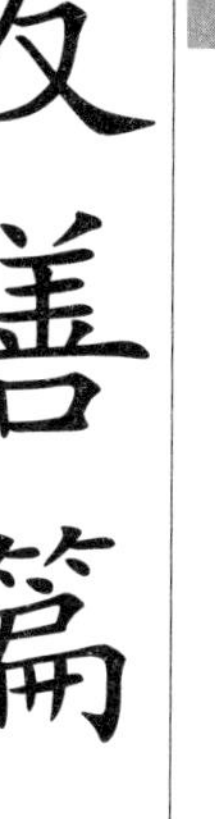

第二十一课

晨读　菜根谭（第二五五则）

明•洪应明

家人有过，不宜暴扬，不宜轻弃。此事难言，借他事而隐讽之；今日不悟，俟来日再警之。如春风之解冻、和气之消冰，才是家庭的型范。

◎ 释义

如果哪一个家人有了过错，其他人不应该四处传扬，更不能有轻蔑厌弃的态度；如果这件事不好明说，可以借其他事委婉地暗示规劝他；如果当时他没有意识到自己的过错，那可以等来日再找适当的机会提醒他。（对待家人）要像和煦的春风驱除了严寒的冬天，像和暖的天气消融了坚冰一样，这才算得上模范家庭。

◎ 注解

①暴扬：暴露传扬。②讽：劝告，规劝。③俟（sì）：等，等到。

◎ 感悟

这一则是告诉我们如何来处理家庭关系的。家人，无论是父子之间，母女之间，兄弟之间，婆媳之间，甚或妯娌之间，如果哪一位有了过错，不管是有意的还是无意的，不管过错大或者过错小，都应心平气和地来对待他们，不可四处传扬。尤其要注意的是，对于有错的一方，要帮助他，开导他，规劝他，切不可嫌弃他，指责他。抱着“春风解冻”“和气消冰”的原则来对待家人，对待家中的变故，才是家庭的典范。

我们应好好对照一下自己的言行，扪心自问：我做到了吗？

晚诵

菜根谭（第二七〇则）

明•洪应明

处父兄骨肉之变，宜从容，不宜激烈；遇朋友交游之失，宜剀切，不宜优游。

◎ 释义

如果遇到父母兄弟或其他至亲骨肉的变故，应该从容应对，不宜采取过分激烈的言行；如果在与朋友交往时，朋友有了过失，应该用诚恳真挚的态度去规劝他，不宜犹犹豫豫，坐视不管。

◎ 注解

①交游：结交朋友。②剀（kǎi）切：恳切，诚恳。③优游：犹豫，不果决。

◎ 感悟

这一则和上一则的含义基本相似，前一句强调如何处理骨肉亲人之间的关系，后一句强调如何处理和朋友之间的关系。对于亲人之间的冲突，万不可以粗易粗，以暴易暴，而应和风细雨，循循善诱，动之以情，晓之以理。对于朋友，也应切实负起做朋友的责任来：当朋友有难时，你挺身而出；当朋友有错时，你苦口婆心。如果朋友有难，你充耳不闻，朋友有错，你熟视无睹，就算不上真正意义上的朋友！

第二十二课

晨读　菜根谭（第二七五则）

明·洪应明

人之短处，要曲为弥缝，如暴而扬之，是以短攻短；人有顽的，要善为化诲，如忿而嫉之，是以顽济顽。

◎ 释义

别人有什么缺点和不足，我们要尽量委婉地给他弥补，如果在大庭广众面前暴露宣扬他的不足，这就是以自己的短处去攻击他人的短处；别人个性固执，做人执拗，我们应该带着善意去启发教导他，如果带着怒气而憎恶嫌弃他，这就是以你自己的顽固去化解他人的顽固。

◎ 注解

①曲为：委婉地指出，委婉地去做。②弥缝：缝合，补救。③暴（bào）：显露，暴露。④诲：教导。⑤嫉：厌恶，憎恨。⑥济：帮助。

◎ 感悟

对于别人的短处和不足，最好是委婉地提出，这样，朋友才更易于接受。尤其应该注意的是，知道了他人的不足或者隐私，不能到处传播，更不能添油加醋，夸大其词，而应尽可能给朋友“弥缝”。这一方面，很能显示一个人修养的高低。朋友中如果有执拗之人，也应抱着善意的态度去规劝他，使之慢慢改正，而不应憎恶他，厌弃他，使他在固执的道路上越走越远。

晚诵

菜根谭（第三〇六则）

明 • 洪应明

遇欺诈的人，以诚心感动之；遇暴戾的人，以和气熏蒸之；遇倾邪私曲的人，以名义气节激励之。天下无不入我陶熔中矣。

◎ 释义

如果遇到虚伪奸诈的人，就用诚心去感动他；遇到凶暴乖戾的人，就用温和的态度去感化他；遇到邪恶自私的人，就用高尚的气节激励他。那么天下的人没有谁不能被我影响了。

◎ 注解

①暴戾（lì）：性情残暴凶狠。②倾邪：指为人邪僻不正。③私曲：偏私而不公正。④陶熔：陶铸熔炼，比喻浸润、影响。

◎ 感悟

以上几条说起来容易，但实际做起来很难。同他人相处时，你可用自己的言行去影响对方，这种影响，不是说教、不是硬性灌输，而是潜移默化，是“润物细无声”。你本人品德高尚了，做人正直了，心地宽厚了，久而久之，自然会影响到你身边的人，如此一来，“陶熔”对方的目的也就达到了。从这个意义上讲，把他人改造好了，这也是做善事，也是友善的重要表现。

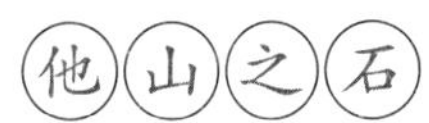

梁人给楚人浇瓜

战国时期，梁国（即魏国）有个大夫叫宋就，曾经在边境地区做过县令。这个地区和楚国相邻，因此，宋就的责任非常重大，不仅要管理好本县事务，还担负着维持两国友好往来的重任。

梁国和楚国搭界，两国的百姓都有种瓜的习惯，而且所种数量都非常可观。梁国人勤劳能干，经常给瓜田浇水，瓜长得非常好；楚国人较为懒惰，很少管理瓜田，瓜长得比较差。

楚国这边的县令看到梁国的瓜比他们的好，非常生气，就责备那些瓜农工作不尽心，生产不努力。受了责备的瓜农一肚子怨气，他们认为是梁国瓜农把瓜种得太好了，才害得自己挨骂，于是，就想了个歪点子：晚上偷偷溜到梁国的瓜田里去捣乱，把瓜秧子扯得乱七八糟，以至于很多瓜秧都枯萎了。后来，楚人的行径被梁人知道了，他们非常生气，就去报告了县令宋就，并准备以毒攻毒，采用相同的手段去报复楚国人。

宋就在查清了事情的原委后，对来人说："哎！这怎么行呢？这是结怨构祸的办法，万万使不得！人家可恶，你也跟着可恶，怎么气度这么小呢？我给你们出个主意，你们每天晚上都悄悄地给楚国的瓜田浇水，我保证他们肯定不会再来捣乱了。"

梁国的瓜农对宋就的话半信半疑，但还是勉强照办了。过了几天，楚国的瓜农发现，每天早上，他们的瓜田都湿漉漉的，瓜也长得越来越好。他们感到很奇怪，于是留心观察起来，结果大吃一惊，原来是梁国瓜农给他们浇的水。

楚国的县令得知此事后，非常高兴，立刻向楚王汇报。楚王了解了事情的经过后，感到既羞愧又忧虑，他说："追查一下那些去捣乱的人，看看他们还有没有其他的罪过？这是梁国对我们友好的表现啊！"

于是楚国用厚礼向梁国表示谢意，并请求和梁王交往。

后来，楚王时常称道这件事，梁王则认为这就是信义。所以，梁国和楚国的友好交往是从宋就的友善开始的啊！

——据刘向《新序·杂事四》

第二十三课

晨读　了凡四训·积善之方（节选）

明·袁了凡

何谓成人之美？玉之在石，抵掷则瓦砾，追琢则圭璋。故凡见人行一善事，或其人志可取而资可进，皆须诱掖而成就之，或为之奖借，或为之维持，或为白其诬而分其谤，务使成立而后已。

◎ 释义

什么叫作成人之美呢？玉本来藏在石头中，扔掉了它就与瓦砾无异，雕琢了它就成为贵重的圭璋。所以，凡是看见有人做了一件善事，或者这个人的志向有可取的地方并且资质有进步的潜力，就一定要引导扶持而尽力成就他。或是称赞勉励，或是给他协助维持，或是替他辩白诬陷、分担诽谤，总之一定要使他有所成就才停止。

◎ 注解

①抵掷：抛弃。②追琢：雕琢。追，雕也。《诗经·大雅·棫（yù）朴》："追琢其章，金玉其相。"③圭璋：古代贵重的玉器。上尖下方曰"圭"，半圭曰"璋"。圭璋常用来比喻高尚的人品或杰出的人才。④诱掖（yè）：引导扶持。⑤奖借：称赞推许。⑥白其诬：为他辩白诬陷。

◎ 感悟

什么叫成人之美？我们一般认为通过个人的努力，帮助对方成就了一件具体的事情才叫成人之美，如给对方成就了一桩姻缘，介绍了一桩买卖等，但袁了凡在这里特别强调“诱掖”“奖借”就是“成人之美”，此一点对我们有非常大的启发意义。倘若你处在长辈、老师、领导的位置，能通过言语行为对你的晚辈、学生、下属及时给予勉励、引导、奖掖，使对方能茁壮成长，卓然成才——这也是另一种意义上的“成人之美”！

晚诵　了凡四训·积善之方（节选）

明·袁了凡

何谓劝人为善？生为人类，孰无良心？世路役役，最易没溺。凡与人相处，当方便提撕，开其迷惑。譬犹长夜大梦，而令之一觉；譬犹久陷烦恼，而拔之清凉：为惠最溥。

◎ 释义

什么叫劝人为善？生而为人，谁能没有善良的本性？人在世俗之路上辛苦奔走，很容易处于不利之境地。所以，但凡与人相处，应当在方便的时候指点提醒别人，解除他的迷惑。这就譬如在漫漫长夜的大梦中，而让他们觉醒过来；又譬如人长久地陷入烦恼中，要把他拔出到清凉通透的境界中来：这样做的恩惠最为广博。

◎ 注解

①役役：辛苦奔走、劳苦不休的样子。②没溺：沉没，沉迷，这里指处于人生的困境。③提撕：提引，扯拉，一般引申为提醒，振作。④清凉：佛教称烦恼、苦难皆寂灭永息为“清凉”。⑤溥（pǔ）：广大，普遍。

◎ 感悟

世路役役，人生不易。谁能没有烦恼，谁能没有困境？当他人处于烦恼的境地，你一句暖心的话语、一个温馨的眼神，都可让对方感到人世的温暖，从而重新树立生活的信心；当他人处于迷惑的状态，你及时开导对方，为其指点迷津，使对方豁然开朗，恍然大悟，从迷惑的泥塘中走出来，重归人生的正路。这都是做善事，我们何乐而不为呢？

第二十四课

晨读　了凡四训·积善之方（节选）

明·袁了凡

何谓兴建大利？小而一乡之内，大而一邑之中，凡有利益，最宜兴建。或开渠导水，或筑堤防患；或修桥梁，以便行旅；或施茶饭，以济饥渴。随缘劝导，协力兴修，勿避嫌疑，勿辞劳怨。

◎ 释义

什么叫兴建大利？小到一个乡村，大到一个城镇，凡是对大家有利的事，最应该去做。要么挖渠引水，要么筑堤防患；要么修建桥梁，以方便路人通行；要么施舍茶饭，以周济那些饥渴者。有机会就劝告引导大家，齐心协力去做善事好事，不必回避那些闲言碎语，更不要逃避那些辛劳和怨言。

◎ 注解

①邑：城市，都城。②施：施舍。③济：周济，接济。

◎ 感悟

什么叫“兴建大利”？兴建大利，不一定要掏出几百万，给家乡修条柏油马路，也不是要办一个大企业，安排多少人就业。挖渠引水是大利，修建桥梁是大利，而给那些饥渴的路人一口饭吃、一碗水喝也是大利，给家乡的老者、弱者、残者一点细微的帮助也是大利。作者在这里的意图很明确，他谆谆告诫后人，“勿以善小而不为”。谨记！谨记！

晚诵　了凡四训·积善之方（节选）

明·袁了凡

何谓敬重尊长？家之父兄，国之君长，与凡年高、德高、位高、识高者，皆当加意奉事。在家而奉侍父母，使深爱婉容，柔声下气，习以成性，便是和气格天之本。出而事君，行一事，毋谓君不知而自恣也。刑一人，毋谓君不知而作威也。事君如天，古人格论，此等处最关阴德。试看忠孝之家，子孙未有不绵远而昌盛者，切须慎之。

◎ 释义

什么叫敬重尊长？一家的父亲、兄长，一国的君主、长官，以及凡是年事高、德行高、职位高、见识高的人，都应当用心侍奉。在家中侍奉父母，要使爱意发自内心，态度和颜悦色，声音柔和谦恭，时间久了就成了一种习性，这就是和气而感通于上天的根本。在外侍奉君王，每做一件事情，不要以为君王不知道就恣意妄为。每惩罚一个人，不要以为君王不知道就作威作福。侍奉君王就像侍奉上天一样，这是古人的格言，这方面和人的阴德最有关联。试看忠孝的人家，子孙没有不连绵不绝而且兴旺发达的，所以，一定要慎重对待（这种情况）。

◎ 注解

①婉容：和顺的仪容。《礼记·祭义》："孝子之有深爱者，必有和气；有和气者，必有愉色；有愉色者，必有婉容。"②习以成性：养成习惯，即成本性。③格天：感通于天。④自恣（zì）：放纵自己，不受约束。⑤格论：精当的言论，至理名言。⑥阴德：道家的观念之一。指在人世间所做的而在阴间可以记功的好事。古人深信阴德虽不为人知，但冥冥中自有鬼神记载，因此若某人多积阴德，天必报答他。

◎ 感悟

本则主要讲了三层意思。第一层意思是，凡年高、德高、位高、识高者，都在我们应该尊重之行列。但观之当今，有许多人，对当权者、富贵者低三下四，尊崇有加，而对那些无职无权的年长者、德高者就显得极不耐烦，甚至态度粗暴。这类人，应好好反思一下。第二层意思是，孝顺父母，关键在于要对父母做到"深爱婉容，柔声下气"，这才是至孝，纯孝。观之当今，有许多人认为，给父母提供了吃、喝、住、穿等生活必需品就是尽孝。这类人，也该好好反思一下。第三层意思是，"出而事君，行一事，毋谓君不知而自恣也"。我们可以借鉴来处理和领导、上级的关系。出外做事，千万不要以为领导不知道就恣意妄为，独行其是，甚至狐假虎威，作威作福。这类人，更应该好好反思自己。如果一意孤行，不思悔改，到头来也只能是搬起石头砸了自己的脚。

举一反三

一、如何"成人之美"和"劝人为善"，《了凡四训》对此做了较为详尽的解读。请结合自身的体验，谈一谈你在生活中是如何"成人之美"和"劝人为善"的。

二、"友善"是中华民族的传统美德，同时也是社会主义核心价值观的重要组成部分，请思考一下，新时代“友善”的内涵和旧时代相比较，有了哪些变化？

我们周围，难免有鳏（guān）寡孤独者，要么无依无靠，生活艰难，要么疾病缠身，举步维艰，要么收入低微，家境贫寒。请你利用节假日，和同学结伴，到这些需要帮助的人家里去访贫问苦，力所能及地给他们以帮助，并把经历和感悟写出来，刊登在班内或系部的宣传栏里。

第七单元

DIQIDANYUAN

勤俭篇

第二十五课

晨读　　**菜根谭**（第二四六则）

明・洪应明

贫家净扫地，贫女净梳头，景色虽不艳丽，气度自是风雅。士君子一当穷困寥落，奈何辄自废弛哉！

◎ 释义

一个贫困的家庭却能够把地打扫得很干净，一个贫穷的女子却能够把头发梳理得很洁净，这样的景色虽说不上艳丽，但他们表现出来的气度却清新脱俗。对于一个有学识有修养的君子来说，一旦陷入穷困孤苦的境地时，怎么能够一蹶不振，自甘堕落呢？

◎ 注解

①士君子：旧时指有学问而品德高尚的人。②寥落：谓孤单，寂寞。③辄：就，立即。

◎ 感悟

一个人的精气神是一个人气质和状态的外在体现。在条件简陋的时候，依然能够不被困难和现实压倒，而让自己保持一种积极乐观的心态，这是通往成功必备的优秀品质之一。对一个读书人而言，如果陷入人生的困境而不自弃，有“穷且益坚，不坠青云之志”的胸襟，也是很难能可贵的。

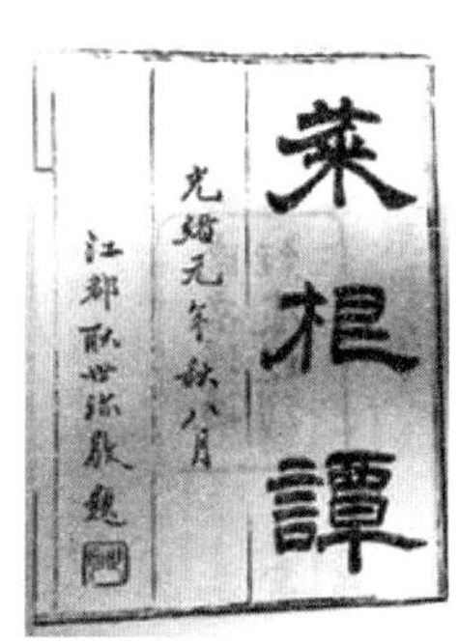

晚诵　菜根谭（第三一二则）

明 • 洪应明

居官有二语，曰："唯公则生明，唯廉则生威。"居家有二语，曰："唯恕则情平，唯俭则用足。"

◎ 释义

为官者有两句话要牢记："只有公正无私才能做到明断是非，只有清白廉洁才能产生威严和声望。"持家者也有两句话需牢记："只有宽容厚道才能使家人和睦共处，只有节俭朴实才能使家人丰衣足食。"

◎ 注解

①居官：做官。②恕：原谅，宽容。

◎ 感悟

俗话说，家和万事兴。古人亦言，修身齐家治国平天下。可见家庭和睦是多么重要。家庭之内，天长日久，难免有些琐碎烦乱之事，大家只有怀着一颗包容之心相互体谅，才能够处理好家庭成员之间的矛盾，维系家庭的团结。若想家庭和谐、稳固，丰衣足食至关重要，而丰衣足食却恰恰得益于节俭。花钱大手大脚，消费毫无节制，到头来挥霍一空，只能落魄到最为难堪的境地。这样的例子，在现实生活中有许多，应该引以为戒。

第二十六课

晨读　菜根谭（第三三二则）

明·洪应明

俭，美德也，过则为悭吝，为鄙啬，反伤雅道；让，懿行也，过则为足恭，为曲谨，多出机心。

◎ 释义

勤俭，是一种美德，但如果太过分了就显得吝啬、小气、鄙俗，反而会伤了朋友之间的正常来往；谦让，是一种美好的行为，但太过分了就显得有些谦卑、小心，反而给人一种心机过重的感觉。

◎ 注解

①悭吝（qiān lìn）：吝啬。②懿（yì）：美好。③足恭：指过分的恭敬，以取悦于人。④曲谨：谨小慎微。

◎ 感悟

节俭固然是美德，过分节俭就变成吝啬；谦让固然是美德，过分谦让就显得卑微。儒家主张中庸之道，凡事讲究一个“度”，过犹不及，其道理就在这里。为人要有品行节操才能立足，如果谦让至伪，节俭到吝，说白了就是自私虚伪的表现，若此，节俭、谦让就失去了本来的意义。

晚诵　　菜根谭（第三三四则）

明 • 洪应明

饮宴之乐多，不是个好人家；声华之习胜，不是个好士子；名位之念重，不是个好臣工。

◎ 释义

酒席宴会举办得太多的人家，不是个好人家；过于看重声誉的人，不是个好读书人；名位之心太重的人，不是个好臣子。

◎ 注解

①声华：声誉，名声。②念：想法，看法。③臣工：群臣百官。

◎ 感悟

孔子曰："君子食无求饱，居无求安，敏于事而慎于言，就有道而正焉，可谓好学也已。""士志于道，而耻恶衣恶食，未足与议也。"

所以说，过于贪图享乐，过于看重名位，是难以有所成就的。人的品性修养从各个方面体现出来，不论是读书求知，还是居官从政，或是日常生活，只为追求私欲的满足，必然有损于集体，有损于公德，最终败坏了自己的形象。热衷于饮宴声乐之辈，往往盛华过后是凄凉；一门心思在名利场钻营，定然也有栽跟头的那一天。做人，还是淡泊名利为好！

他山之石

晏子坚辞千金

晏子，名婴，春秋时期齐国夷维（今山东高密）人，历仕齐灵公、齐庄公、齐景公三朝。晏子虽位高权重，但为官清廉，生活简朴，给后世留下了许多佳话。

晏婴

有一次，晏子正在家吃饭，齐景公派的使者来了，晏子便请他一起用餐。因饭食不多，结果使者没有吃饱，晏子也没有吃饱。

使者回去以后，把晏子家的窘况告诉了齐景公。齐景公叹了口气说："哎！没想到晏子的家里这么贫困！我不了解情况，这是我的过错啊！"于是，就派一个下属带着千金钱财和刚刚从市场上征收的税租，去送给晏子，让晏子用这些钱来招待宾客。结果，晏子谢绝了。那位下属不甘心，又连着去了两次，到了最后那一次，晏子恭恭敬敬地对来者说："我的家里不贫困。承君王的恩泽，我的父族、母族、妻族，包括我的朋友，日子都过得不错，甚至我还用节余赈济了部分百姓，君王对我的赏赐已经够丰厚了。我再重复一遍，我的家里不贫困。"晏子正了正衣襟，又接着说道："我听说，向君主要很多钱财，用来施舍给百姓，这是代替君主给百姓当君主，忠臣不会这样做；向君主要很多钱财，却不施舍给百姓，这是为了把钱财藏在自己家的箱子里，仁德的人不会这样做；向君主要很多钱财，自己独吞了，而一点也不分给家里的门客，门客必然有怨气，一旦哪一天我死了，说不定财产就被家臣私分了，聪明的人不会这样做。十捆布，一豆（古代盛食物的高脚器皿）饭，我就心满意足了，我不需要很多钱财。"

来人回去把情况一五一十地告诉了齐景公。景公见晏子如此坚决，便决定亲自劝说，他派人把晏子叫来，说："从前我们的先君桓公，把五百社的土地和人口分封给管仲，管仲没有推辞，接受了。我给你区区千金，你为什么要推辞呢？"晏子说："我听说，智者千虑，必有一失；愚者千虑，必有一得。我想管仲的千虑之失，就是我的千虑之得吧！所以，我只能再次拜谢，但我还是不能接受您的恩赐！"

——据《晏子春秋》

第二十七课

晨读　　围炉夜话（第三则）

清•王永彬

贫无可奈惟求俭，拙亦何妨只要勤。

◎ 释义

贫寒困窘无可奈何之际，惟有勤俭持家才能摆脱困境；天资愚拙也没关系，只要勤奋努力就能改变现状。

◎ 注解

①拙：笨，不灵巧。

◎ 感悟

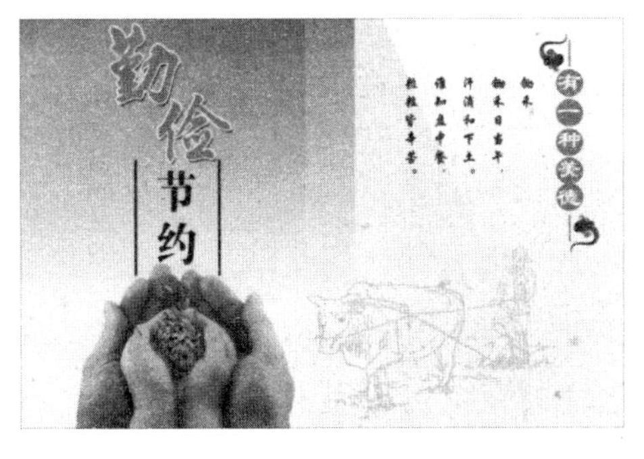

俗谚讲，“笨鸟先飞早入林”“早起的鸟儿有虫吃”。只有勤奋才能够弥补自身的不足。面对潦倒与窘迫，有人想：“我不能这样过！”于是他节俭勤劳，摆脱了困境；有人想：“我注定要这样过。”于是他在唉声叹气、碌碌无为中平庸地老去。苏秦如果没有锥刺股的决心，就不能成为六国宰相；孙敬如果没有头悬梁的勇气，也不可能成为大学问家。所谓天才，其实就是比平常人更加勤奋的人。

晚诵

围炉夜话（第九则）

清•王永彬

善谋生者，但令长幼内外勤修恒业，而不必富其家；善处事者，但就是非可否审定章程，而不必利于己。

◎ 释义

善于谋生的人，只是促使家中老小勤奋尽力地去经营好某一种产业或做好某一个职业，而不必一定要让家族大富大贵；善于处事的人，只根据是非曲直来评定审阅某些规定和章程，而不一定要对自己有利。

◎ 注解

①但：只，只是。②长幼内外：泛指家中男男女女、老老少少。③恒业：固定的产业或稳定的职业。④章程：程式，规定。

◎ 感悟

大家都希望自己成为善于谋生、善于处事的人。然而现实当中，许多人辛劳一生，仍生活困顿；奔波一世，却一无所成。究其根由，就在于谋生不明其宗，谋事不得要领。擅长谋划生计的人，其实并不需要什么新奇的花招，也不必处心积虑地积聚财富。只要做到让家人不论年纪大小，事情不论分内分外，每个人都能勤勉尽心，坚持不懈地办好每一件事情，就可称得上“善谋生者”了。

处理事务，并不一定要有奇特的才能，订立一个办理的规则和程序非常重要，什么事该做，什么事不该做，什么事早做，什么事晚做，都要有个章程。不善处事的人，往往是主次不明、头绪不清。因此，善处事者一要有计划，有计划则井井有条；二要有公心，有公心则处变不乱。

第二十八课

晨读　围炉夜话（第八三则）

清·王永彬

人生不可安闲，有恒业，才足收放心；日用必须简省，杜奢端，即以昭俭德。

◎ 释义

人生在世不能满足于闲适安逸，有了稳定的产业（或职业），才能收敛放任自流的心思；日常开支必须节省，杜绝了奢侈的苗头，便可以彰显俭朴的传统美德。

◎ 注解

①放心：放任自流的心思。②杜：杜绝。③奢端：奢侈的苗头。④昭：显示，昭明。

◎ 感悟

“安闲”从某些方面来说，就是碌碌无为、饱食终日、无所用心的代名词。人的一生，不管从事哪种职业，总有自己的社会角色。要扮演好自己的社会角色，就需要有毅力、有恒心，为实现自己人生的理想而奋斗。

“勤俭持家”是我们中华民族的传统美德。简省，无损你的人格，反而能让你赢得别人的尊重。相反，奢侈浪费、贪图富贵，则有辱人生气节，有损人格风范。挥霍无度，历来都是为人们所不齿的。

晚诵

围炉夜话（第九四则）

清·王永彬

自奉必减几分方好，处世能退一步为高。

◎ 释义

自己日常生活的花费一定减少一些才好，为人处世能够懂得容忍退让才算高明。

◎ 注解

①自奉：自身日常生活的供养。②退：容忍，退让。

◎ 感悟

一个人如果沉湎于奢靡的生活中，饱食终日无所用心，往往会使自己失去激情和创造力，变得不思振作、不求进取。这种对自己的“好”，往往是最不好的。真正对自己好的人，并不在物质上满足自己，而是懂得如何使自己的生命过得更充实，更有价值。

“忍一时风平浪静，退一步海阔天空。”我们和他人相处时，并不是什么事都要高别人一头才是最好的。一般人所争的，无非是个人的名与利，你争我争，不但把自己的气量争小了，人格争低了，严重的甚至性命也争没了。倒不如退让一步，虽然吃点小亏，但赢得了他人对自己的尊重，人际关系也可以更和谐。无论如何，还是谦让一些更好！

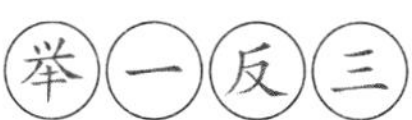

一、你是怎样理解“贫无可奈惟求俭，拙亦何妨只要勤”这句格言的？

二、在《左传》中有这样一个小故事：宋人或得玉，献诸子罕。子罕弗受，献玉者曰：“以示玉人，玉人以为宝也，故敢献之。”子罕曰：“我以不贪为宝，尔以玉为宝，若以与我，皆丧宝也，不若人有其宝。”你是怎样看待子罕这个人物的？写出自己的想法，在班内讨论。

学以致用

以“晏子坚辞千金”为例，结合当前社会的反腐现象，在班内召开一次主题班会，讨论一下我们应该怎样节俭生活，以后在工作中应该怎样公正清廉地处理公务。

第八单元

DIBADANYUAN

励志篇

第二十九课

晨读　孔子家语·在厄（节选）

楚昭王聘孔子，孔子往拜礼焉，路出于陈、蔡。陈、蔡大夫相与谋曰：“孔子圣贤，其所刺讥，皆中诸侯之病。若用于楚，则陈、蔡危矣。”遂使徒兵距孔子。

孔子不得行，绝粮七日，外无所通，藜羹不充，从者皆病。孔子愈慷慨讲诵，弦歌不衰。乃召子路而问焉，曰：“《诗》云：‘匪兕匪虎，率彼旷野。’吾道非乎，奚为至于此？”

◎ 释义

楚昭王聘请孔子到楚国去，孔子前去拜谢，途中经过陈国和蔡国。陈国和蔡国的大夫一起谋划说：“孔子是圣人，他所讥讽批评的都切中诸侯的要害。如果被楚国聘用，那我们陈国和蔡国就危险了。”于是派兵去阻拦孔子。

孔子不能前行，断粮七天，也无法和外面取得联系，甚至连粗劣的食物都没有，跟随他的人都病倒了。这时孔子更加慷慨激昂地传道授业，又不断地弹琴高歌，还找来子路问道：“《诗经》上说：‘不是犀牛也不是老虎，却都来到荒野上。’我的理念学说难道有什么不对吗？为什么到了这个地步啊？”

◎ 注解

①陈、蔡：春秋时诸侯国名。②徒兵：步兵。③距：同“拒”，阻拦。④藜（lí）羹：菜汤，这里泛指粗劣的食物。⑤弦歌：以琴瑟伴奏而歌。⑥衰：停止。⑦“匪兕（sì）”二句：出自《诗经·小雅·何草不黄》。兕，雌的犀牛。率彼旷野，来到旷野。率，沿着。⑧奚（xī）：疑问代词，何，为什么。

◎ 感悟

人生难免“在厄”，但面对突然到来的厄运，每个人的表现都不同。海外著名学者、当代新儒家的代表人物徐复观先生在其《朱元晦的最后》一文中，谈到朱熹的最后岁月时，这样评价道：“为历史担当命运的人物，必然是来自他真实的人格与学问。由一套一套的假话所堆砌起来的伟大形象，结果足成为笑柄。”同样，孔子能成为“万世师表”，为后人所“高山仰止”，也必然来自他“真实的人格与学问”。身处困境，孔子不气馁、不沮丧，仍弦歌不衰，高扬理想。他老人家身体力行，向他的弟子及世人表明了什么叫“士不可以不弘毅”，什么叫“士志于道”。从他的身上，我们看到了人格的光辉，精神的力量！

晚诵 孔子家语·困誓（节选）

孔子遭厄于陈、蔡之间，绝粮七日，弟子馁病，孔子弦歌。子路入见曰：“夫子之歌，礼乎？”孔子弗应。曲终而曰：“由，来！吾语汝：君子好乐，为无骄也；小人好乐，为无慑也。其谁之子不我知而从我者乎？”子路悦，援戚而舞，三终而出。

明日，免于厄。子贡执辔曰：“二三子从夫子而遭此难也，其弗忘矣！”孔子曰：“善恶何也？夫陈蔡之间，丘之幸也。二三子从丘者，皆幸也。吾闻之，君不困不成王，烈士不困行不彰。庸知其非激愤厉志之始于是乎在？”

孔子曰：“不观高崖，何以知颠坠之患；不临深泉，何以知没溺之患；不观巨海，何以知风波之患。失之者其不在此乎？士慎此三者，则无累于身矣。”

◎ 释义

孔子被困在陈国和蔡国之间，断粮七天，弟子们也因饥饿而病倒了，但孔子仍然在弹琴唱歌。子路进去见孔子说：“老师，您都这个时候了还在唱歌，这种做法符合礼吗？”孔子没有回答。一曲终了，孔子才说：“仲由，来！我告诉你：君子爱好音乐，是为了不骄傲放纵；小人爱好音乐，是为了消除恐惧。这是谁家的儿子不了解我而跟随我呢？”子路高兴了，拿起兵器舞了一通，三曲结束才出了门。

第二天，危难过去了。子贡拉着马缰绳说：“我们跟随老师遭受了这次磨难，大概永远不会忘记了。”孔子说：“好事与坏事如何区分呢？我们在陈、蔡之间遭受的磨难，是我的幸运。你们跟随着我，你们都是幸运的。我听说，君王不遭受困厄就不能成就王业，仁人志士不遭受困厄行为就不会彰显。怎么知道奋发励志不是从这次危难开始呢？”

孔子说：“不观看高高的悬崖，怎能知道从悬崖上坠落的危险；不临近深渊，怎能知道沉溺深水的危险；不观察浩瀚的大海，怎能知道狂风巨浪的危险。失去生命的人不就是在这些方面（不注意）吗？士人能谨慎地对待这几个方面，自己就不会遭受这方面的侵害了。”

◎ 注解

①厄：困苦，灾难。②馁：饥饿。③弗：不。④无慑：不畏惧。⑤援戚：援，执，持。戚，兵器名，形似大斧。⑥辔：马缰绳。⑦烈士：有抱负、志向高远的人。⑧庸：岂，怎么。

◎ 感悟

文天祥《正气歌》云："时穷节乃见，一一垂丹青。"如何对待人生的困境和逆境，每个人的回答都不同："在齐太史简，在晋董狐笔；在秦张良椎，在汉苏武节……"那孔子呢？是怨天尤人？是满腹牢骚？是一蹶不振？他用自己的实际行动做了回答：慷慨讲诵，弦歌不衰。不仅如此，他还抓住机会，念念不忘对弟子的"厉志"教育。面对子路的质疑，面对子贡的困惑，他指出"君不困不成王，烈士不困行不彰"，并进而总结道："庸知其非激愤厉志之始于是乎在？"孔子的"厉志"之谈，不仅激发了他的弟子们蹈厉奋发、自强不息的斗志，也成了中华民族最为可贵的精神之一，流风所及，至今不衰。

第三十课

晨读　菜根谭（第二五八则）

明•洪应明

居逆境中，周身皆针砭药石，砥节砺行而不觉；处顺境内，满前尽兵刃戈矛，销膏靡骨而不知。

◎ 释义

一个人身处逆境之中，就好像全身置于针砭药石的治疗之中，使你的心志在不知不觉中得到了磨炼；一个人身处顺境之中，就仿佛眼前全是刀枪剑戟，使你的品行节操在无声无息中受到了伤害。

◎ 注解

①砭（biān）：古代用来治病的石针。②砥（dǐ）节砺行：磨炼意志品行。③销：耗费。④膏：原意为肥肉，这里指人的身体。⑤靡：分散，消灭。

◎ 感悟

这句话启示我们，要正确看待顺境和逆境。

人生的顺境和逆境是矛盾的两个方面，相互依存，相互转化。不管顺境、逆境都是一种境遇，关键在于自己如何把握。把握得好，逆境顺境都是人生宝贵的财富；把握得不好，处处都是陷阱。

晚诵　　菜根谭（第二八〇则）

明 • 洪应明

横逆困穷是锻炼豪杰的一副炉锤，能受其锻炼者，则身心交益，不受其锻炼者，则身心交损。

◎ 释义

艰难困苦是锻炼英雄豪杰的一副上好的烘炉和铁锤，能够经受住这种锤炼的人，身心都会得到无穷的好处，受不了这种锤炼的人，身心都会受到损害。

◎ 注解

①横逆：横祸，厄运。②益：好处。

◎ 感悟

孟子的名言，我们耳熟能详："故天将降大任于是人也，必先苦其心志，劳其筋骨，饿其体肤，空乏其身，行拂乱其所为，所以动心忍性，曾益其所不能。"这句话是说上天让一个人成功之前，必定要磨炼他的身体和意志，只有意志坚强的人才能获得成功。

人的一生不可能永在坦途，事业和生活中一定会经历或多或少的"横逆"，只有经过艰苦的磨炼才能最终战胜困难，成就一番事业。此所谓"艰难困苦，玉汝于成"。

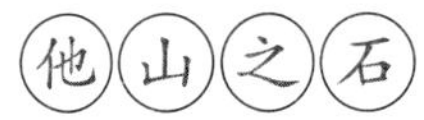

朱买臣忍辱读书

西汉时有个年轻人叫朱买臣，字翁子，家境非常贫寒，靠卖柴来维持生计。虽然贫穷，但朱买臣非常喜欢读书。有时候，他从山上砍柴下来，一边背着柴，一边还大声朗读，他的妻子受不了他这种做派，就来阻止他，但朱买臣全然不顾，把妻子的话当耳旁风，仍然旁若无人地继续大声朗诵着他的书，甚至声音比起初更高了。

这样的日子过了许多年，时光荏苒，朱买臣也四十多了，但家中的境况没有一丝好转。妻子跟着朱买臣过够了这种苦日子，对朱买臣的穷酸气更是不能忍受，就提出来离开他。朱买臣坚定地说："相信我，我一定会出人头地，让你过上好日子的。我现在四十多岁了，等我到了五十岁的时候，就会富贵了！"妻子鄙夷地说："瞧你这穷样，最后只能饿死在山沟沟里。你想富贵？做梦去吧！"无论朱买臣如何挽留，妻子还是离他而去了。

望着妻子远去的背影，朱买臣失声痛哭，但他在心里暗暗发誓：一定要活出个人样来。从此，朱买臣惜时如金，废寝忘食，学习更加刻苦了。

有一次，朱买臣背着柴火从山上下来，一边走，一边还像过去那样念念有词。当他经过一片墓地时，适逢他前妻和现在的丈夫都在上坟，前妻看到朱买臣又冷又饿，就把他叫过来给他饭吃。前妻是好心好意，但在朱买臣看来，这对他是奇耻大辱——接受前妻和现任丈夫的施舍，那不是食"嗟来之食"吗？

耻辱变成了动力，逆境磨炼了意志，朱买臣出人头地的决心更坚定了。

机会终于来了。朱买臣有个同乡叫严助，在皇上身边做事，他得知朱买臣学识渊博，能言善辩，就向皇上推荐了朱买臣。皇上召见了朱买臣，朱买臣在皇上面前侃侃而谈，一会儿《春秋》，一会儿《楚辞》，皇上非常高兴，认为他是个人才，就封他做了中大夫，与严助一起在宫廷侍奉皇上。

后来，朱买臣给皇上献上了平定东越叛乱的计策，皇上很高兴，便提拔他做会稽太守，并说："富贵不归故乡，如衣绣夜行。你还是回老家看看吧。"朱买臣顿首叩谢。

会稽郡的官员听说新任太守将到，便征召百姓出来修整道路。大大小小的官员都出来迎接，车子有一百多乘（shèng）。到了吴地界，朱买臣在修路大军里发现了自己的前妻和她现在的丈夫，就停下车，让后面的车子载着他们去了太守府，并安置在园中，供给他们食物，准备让他们过上好日子。朱买臣还召见了他过去的故旧好友，并一一送给他们粮食衣物，以报答他们过去对自己的恩惠。

又过了一年多，朱买臣奉诏出征，和横海将军韩说等共同击败了反叛的东越王，为朝廷立下大功，被汉武帝提拔做了主爵都尉，列于九卿之中。

——据《汉书·朱买臣传》

第三十一课

晨读　　围炉夜话（第七七则）

清·王永彬

饱暖人所共羡。然使享一生饱暖，而气昏志惰，岂足有为？饥寒人所不甘。然必带几分饥寒，则神紧骨坚，乃能任事。

◎ 释义

丰衣足食是人们都羡慕的。然而，一个人如果一直处在衣食无忧的安逸环境中，就难免会变得意志消沉、行为懒惰，哪里还有什么作为呢？过饥寒交迫的生活是人们所不甘心的。然而，一个人只有在带有几分饥寒的环境里生活，才能够时刻保持清醒坚毅的状态，然后才能够成就大事。

◎ 注解

①共羡：共同羡慕。②气昏志惰：意志消沉，心志懒惰。③神紧骨坚：精神抖擞，意志坚定。④任事：承担事务或担当责任。

◎ 感悟

如果一个人长期生活在饱暖的环境里，无衣食之忧，无生存之患，雄心大志就很容易被安逸的日子消磨殆尽，以至于最终难有作为。相反，如果一个人处在饥寒交迫的窘境中，则很容易激发他的斗志，磨炼他的意志，而最后往往有所成就——此所谓“生于忧患，死于安乐”也。

晚诵　　围炉夜话（第七八则）

清·王永彬

愁烦中具潇洒襟怀，满抱皆春风和气；暗昧处见光明世界，此心即白日青天。

◎ 释义

人在忧愁烦闷中如果能具备潇洒磊落的胸怀，那么心中就会充满对人和蔼可亲的态度；人在昏暗不明的环境中如果能看到光明的一面，那么心中就会有无限的青天白日。

◎ 注解

①襟怀：胸怀，怀抱。②春风和气：这里比喻对人态度和蔼可亲。③昧：昏暗不明。

◎ 感悟

人处横逆之中，最能看出“修身”之功夫：有的挫而弥坚，斗志昂扬，如文天祥；有的愈挫愈勇，屡仆屡起，如曾国藩；有的沉郁顿挫，感时忧国，如杜子美；有的不以物喜，不以己悲，如范仲淹；有的豪放旷达，笑对荣辱，如苏东坡；有的看破红尘，归隐山林，如陶渊明；有的宁为玉碎，以死抗争，如屈原；有的一蹶不振，万念俱灰，如贾谊……文天祥、范仲淹、曾国藩等人，我们“虽不能至，然心向往之”；但陶渊明“采菊东篱下，悠然见南山”的优哉游哉，是我们这些普通人完全可以做到的。所以，当你面对事业、生活、爱情上的“坎坷”时，不应一味地唉声叹气，而应该保持潇洒、乐观的态度。

第三十二课

晨读　养心语录（节选）

梁启超

人之生也，与忧患俱来；苟不尔，则从古圣哲，可以不出世矣。种种烦恼，皆为我练心之助；种种危险，皆为我练胆之助。随处皆我之学校也。我正患无就学之地，而时时有此天造地设之学堂以饷之，不亦幸乎！我辈遇烦恼危险时，作如是观，未有不洒然自得者。

◎ 释义

人一生下来，就与忧患同来；如果不这样，从古至今的那些圣贤先哲，就没有必要出世了。种种烦恼，都能帮助我磨炼心志；种种危险，都能帮助我锻炼胆量。人生在世，随时随地都是我的学校。我正忧虑没有地方读书学习，而时时有这些天然形成、造化创设的学校让我受用，这不正是我的幸运吗？遇到烦恼危险时，如果都这样来对待，那就没有不潇洒悠闲之人了。

◎ 注解

①苟：如果，假使。②尔：如此。③天造地设：指事物自然形成，不是人为加工而成的。设，安排。④饷（xiǎng）：用酒食等款待，泛指请人受用。⑤洒然：潇洒。⑥自得：舒适、安闲的样子。

◎ 感悟

保持乐观向上的积极心态是幸福的根本，另外还要保持内心强大的意志力。就像孔子困厄于陈蔡一样，在恶劣的环境面前，如果没有一个强大的内心原动力和坦然面对困境的心态，很难想象他能渡过这个难关。“不困于心，不乱于情”，是对人生的一种豁达态度和深刻领悟。

㊣㊣ 养心语录（节选）

梁启超

凡办事必有阻力。其事小者，其阻力亦小；其事愈大，其阻力亦愈大。阻力者，乃由天然，非由人事也。故我辈惟当察阻力之来而排之，不可畏阻力之来而避之。譬之江河，千里入海，曲折奔赴，遇有沙石则挟之而下，遇有山陵则绕越而行，要之必以至海为究竟。办事遇阻力者，当作如是观，至诚所感，金石为开，何阻力之有焉！苟畏而避之，则终无一事可办而已。何也？天下固无无阻力之事也。

◎ 释义

做任何事情都会有阻力。事小者，其阻力也小；事大者，其阻力也大。阻力是天然存在的，并不是人力形成的。所以，我们惟一要做的就是弄清楚阻力来自哪里，然后排除它，而不可畏惧阻力的到来而回避它。譬如大江大河，流淌千里进入大海，曲曲折折，奔涌向前，遇到沙石就挟带着一起向下，遇到山岭就绕越而行，总而言之，必定以到达大海为结果。办事遇到阻力的人，应当用这种态度来对待，人的至诚之心，能使金石为之开裂，（从这个意义上讲）还有什么阻力可言！如果因为害怕而逃避它，最终将没有一件事可以办成。为什么呢？天下本来就没有一点阻力都没有的事。

◎ 注解

①究竟：结果，原委。②至诚所感，金石为开：人的至诚之心，能使金石为之开裂。比喻只要专心诚意去做，什么疑难问题都能解决。

◎ 感悟

面对前进道路上的问题和困难，只有勇敢地面对，才能扫清障碍，继续前进。内心要有顽强的意志力，才能有战胜困难、解决难题的信心。如果畏畏缩缩、瞻前顾后，那就成就不了什么事情。须知，世上没有哪件事能轻轻松松地做成，世上没有哪个人能随随便便地成功。还是梁启超说得好："天下固无无阻力之事也。"

温故知新

梁启超（1873—1929），字卓如，号任公，笔名主要有饮冰室主人、饮冰子、哀时客、自由斋主人等，广东新会人。中国近代杰出的思想家、政治活动家、宣传家、文学家和学者，"言论界之骄子"，也是近百年间不可多得的"百科全书"式的天才学人。戊戌变法领袖之一、中国近代维新派代表人物之一。

举一反三

一、你身边有哪些励志的感人故事，请你跟踪调查，形成文字材料或用手机拍成视频资料，在校园广播或主题活动中展示。

二、参观一次你所在地区的革命历史博物馆，重温一下革命先烈大义凛然、视死如归的英雄事迹，并把本次活动的感悟写出来，在班内搞一次专题壁报。

学以致用

以教学系的团支部为单位，举办一次"畅想青春，砥砺前行"主题的演讲比赛。

第九单元

DIJIUDANYUAN

求知篇

第三十三课

晨读　说苑·建本（节选）

汉·刘向

晋平公问于师旷曰："吾年七十，欲学，恐已暮矣。"师旷曰："何不炳烛乎？"平公曰："安有为人臣而戏其君乎？"师旷曰："盲臣安敢戏君乎？臣闻之，少而好学，如日出之阳；壮而好学，如日中之光；老而好学，如炳烛之明。炳烛之明，孰与昧行乎？"平公曰："善哉！"

◎ 释义

晋平公问师旷说："我已经七十岁了，还想学习，恐怕已经太迟了吧。"师旷答道："为什么不点燃蜡烛呢？"平公说："哪里有臣子戏弄他的国君的呀？"师旷说："我这个瞎眼的臣子怎敢戏弄国君呢？我听说，少年好学，好像早晨刚刚升起的太阳；壮年好学，好像中午太阳的光辉；老年好学，就像点燃蜡烛的光亮。在蜡烛的光亮下走路，比起在黑暗中行走，哪个更好呢？"平公说："（说的）好呀！"

◎ 注解

①晋平公：春秋时晋国的国君。②炳烛：点燃蜡烛。③盲臣：师旷是盲人，故自称是"盲臣"。④炳烛之明：点燃蜡烛照明。⑤孰与昧行乎：比摸黑走路哪个好呢？昧行，在黑暗中行走。

◎ 感悟

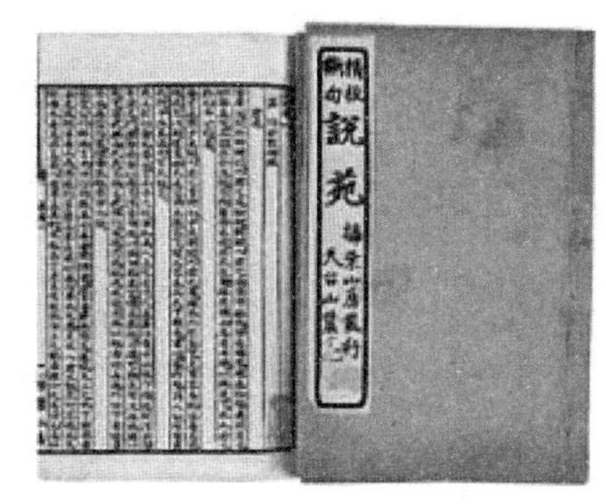

晋平公晚年有志于学，而信心不足。乐师师旷巧设譬喻，指出“炳烛之明”总比“昧行”要好，从而启发、劝导了晋平公。这个故事说明了学无止境的道理，鼓励人们要活到老，学到老。

晚诵　说苑·建本（节选）

汉·刘向

孔子谓子路曰：“汝何好？”子路曰：“好长剑。”孔子曰：“非此之问也。谓以汝之所能，加之以学，岂可及哉？”子路曰：“学亦有益乎？”孔子曰：“夫人君无谏臣则失政，士无教友则失德。狂马不释其策，操弓不返于檠；木受绳则直，人受谏则圣。受学重问，孰不顺成？毁仁恶士，且近于刑。君子不可以不学。”子路曰：“南山有竹，弗揉自直，斩而射之，通于犀革，又何学为乎？”孔子曰：“括而羽之，镞而砥砺之，其入不益深乎？”子路拜曰：“敬受教哉！”

◎ 释义

孔子问子路说：“你喜欢什么？”子路回答：“喜欢舞弄长剑。”孔子说：“我不是问你这个。我是说凭借你的才干，再加上学习，还有谁能赶得上你呢？”子路问：“学习也有好处吗？”孔子说：“一个国君如果没有敢于劝谏的臣子，那么朝政就会有失误，一个士人如果没有能够开导他的朋友，那么品德就会有缺失。驾驭烈马的人不能放下手中的鞭子，握在手中的弓（已经矫正好了）不用再将它放回器具里了；木料打上墨线才能取直，人们接受规劝才能圣明。勤学好问，什么事不能顺利成功呢？毁弃仁义，厌恶士人，离犯罪受刑就不会远了，所以君子不可以不学习。”子路说：“南山上出产的竹子，用不着揉搓加工，自然就长得很直，砍下来用它做箭，可以射穿犀牛皮，又要学习干什么呢？”孔子说：“在箭尾装上羽毛，把箭头磨得更加锋利，不是会射得更深吗？”子路跪拜说：“我恭敬地接受您的教诲啊！”

◎ 注解

①策：马鞭子。②檠（qíng）：矫正弓弩的器具。③绳：墨线。④括：箭的末端。⑤镞（zú）：箭头。⑥砥砺：磨刀石，这里用作动词。

◎ 感悟

子路不好学，所以孔子通过设譬来引导他，反复强调学习的重要性。而子路最终被老师说服了，诚恳地接受了老师的教诲。孔子认为，天赋再高也不足恃，应通过不断学习来提高自己、丰富自己、磨炼自己，对于那些治国安邦的君子，这一点尤其重要，否则，“毁仁恶士，且近于刑”，后果严重得很。

温故知新

《说苑》是西汉刘向编撰的一部历史故事集。刘向是西汉后期著名的经学家、目录学家和文学家。他从当时的各种古籍中选择了可供参资的言论事迹，编撰成书，其内容主要体现了儒家的政治理想及伦理观念。《说苑》既有较高的文献价值，又具较高的文学价值。

刘　向

第三十四课

晨读　书中天阁勉诸生

明•王守仁

“虽有天下易生之物，一日暴之，十日寒之，未有能生者也。”承诸君之不鄙，每予来归，咸集于此，以问学为事，甚盛意也。然不能旬日之留，而旬日之间，又不过三四会。一别之后，辄复离群索居，不相见者动经年岁。然则岂惟十日之寒而已乎？若是而求萌蘖之畅茂条达，不可得矣。故予切望诸君勿以予之去留为聚散。或五六日、八九日，虽有俗事相妨，亦须破冗一会于此。务在诱掖奖劝，砥砺切磋，使道德仁义之习日亲日近，则世利纷华之染亦日远日疏，所谓“相观而善”“百工居肆以成其事”者也。

相会之时，尤须虚心逊志，相亲相敬。大抵朋友之交，以相下为益。或议论未合，要在从容涵育，相感以诚，不得动气求胜，长傲遂非。务在默而成之，不言而信。其或矜己之长，攻人之短，粗心浮气，矫以沽名，讦以为直，挟胜心而行愤嫉，以圮族败群为志，则虽日讲时习于此，亦无益矣。诸君念之念之！

◎ 释义

“即使是天下最容易生长的植物，如果让它晒上一天太阳，然后冻上十天，也必定不能生长。”承蒙各位不嫌弃，每逢我回乡，大家都聚集到这里来向我问学，真是一片厚意。但我在这里逗留总共也不到十天，即以十天计算，期间也不过与各位见三四次面。一旦分别以后，就又离群索居，动辄经年累月不能相见。那么，我们所经受的又岂止是“十日之寒”而已呢？在这种情况之下，想要使萌芽成长得枝繁叶茂，那自然是不可能的了。所以，我殷切地期望各位，不要因我的去留才决定是否聚会。以后隔五六天，或者八九天，即使有俗事阻碍，也务必要排除冗杂事务来此一聚。务必互相诱导，互相勉励，互相切磋，使得对道德仁义的学习日渐亲近，那么，对于世俗名利的侵染就会日渐疏远，这就是古人所说的“经过相互观摩而共同提高”，“各类工匠居住在作坊中完成他们的工作”。

相聚的时候，要特别注意谦逊虚心，互相亲近，互相敬重。一般来说，朋友之间交往，把自己的位置摆得较低才有益处。如果在讨论问题时意见不一致，重要的是应该态度从容，彼此包涵，以诚意互相感动，不能动气争胜，傲慢无礼，坚持错误。务须默默地造就自己，不用自吹自擂而自然使别人信服。如果夸耀自己的长处，攻击他人的短处；或者心浮气躁，用矫饰的言行来博取名声，以揭人之短来表示自己的正直，或者怀着好胜之心而做愤世嫉俗的事情，或者竟然以毁败族类、破坏社会为意图，那么，即使天天聚在这里学习，也没有任何益处。请各位把我的话一定记在心里，记在心里！

◎ 注解

①“虽有”句：语见《孟子·告子上》。虽，表假设，即使、纵然。暴（pù），曝晒。②不鄙：不嫌弃。③予：我。④来归：回到家乡。⑤咸：都。⑥盛意：厚意。⑦旬日：十日为一旬。⑧动：动辄。⑨岂惟：岂止。

⑩萌蘖（niè）：萌芽。⑪畅茂：繁盛，繁茂。⑫条达：枝条健壮貌。⑬破冗：排除冗杂事务。⑭远：远离。⑮疏：淡薄。⑯“相观而善”：《礼记•学记》：“相观而善之谓摩。”观、摩，指互相学习研究。⑰“百工”句：语见《论语•子张》。百工，各类工匠。肆，作坊。⑱逊志：心志谦虚。⑲大抵：大致。⑳相下：互相谦让。㉑涵育：涵养化育。㉒遂非：坚持、掩饰错误。㉓默而成之：默默地成就。㉔不言而信：不用言辞来使人信服。㉕矜（jīn）：自负。㉖矫：做作，矫饰。㉗沽名：比喻用不正当的手段捞取名誉。沽，买。㉘讦（jié）：揭发别人的隐私或攻击别人的短处。㉙挟（xié）胜心：怀着好胜之心。㉚圮（pǐ）族：见《尚书•尧典》，据《尚书》旧注，为毁败族类之意。圮，毁坏。

◎ 感悟

本篇为王阳明在家乡龙泉寺“中天阁”壁间的题词，时在明嘉靖四年（1525 年）。阳明居乡期间，曾与弟子在中天阁相聚讲学，师生之间切磋学问，教学相长，共同提高，共同进步。临别之时，阳明题词，勉励学生坚持定期聚会，取长补短，提高修养，并特别告诫诸生，同学相聚，朋友相交，务必虚心诚恳，“以相下为益”，切忌争强好胜，更不能恃己之长，攻人之短，至于偏执愤激，则有百害而无一利。阳明先生对学生的谆谆教诲，今天看来，也具有非常重要的意义，我们应仔细体味，认真学习。

晚诵

教条示龙场诸生（节选）

明·王守仁

已立志为君子，自当从事于学。凡学之不勤，必其志之尚未笃也。从吾游者，不以聪慧警捷为高，而以勤确谦抑为上。诸生试观侪辈之中，苟有虚而为盈，无而为有，讳己之不能，忌人之有善，自矜自是，大言欺人者，使其人资禀虽甚超迈，侪辈之中，有弗疾恶之者乎？有弗鄙贱之者乎？彼固将以欺人，人果遂为所欺，有弗窃笑之者乎？苟有谦默自持，无能自处，笃志力行，勤学好问，称人之善，而咎己之失，从人之长，而明己之短，忠信乐易，表里一致者，使其人资禀虽甚鲁钝，侪辈之中，有弗称慕之者乎？彼固以无能自处，而不求上人，人果遂以彼为无能，有弗敬尚之者乎？诸生观此，亦可以知所从事于学矣。

◎ 释义

已经立志做一名君子，自然应当从事于学习。凡是学习不够勤奋的人，必然是他的志向还不够坚定。跟随我学习的人，从不把聪明机敏作为高人之处，而把勤奋谦虚作为追求的目标。各位试看同学之中，假如有那种内心空虚而自以为很充实，学识贫乏而自以为很富足，讳言自己的短处，又忌恨他人的长处，自夸自负，喜欢用大话去欺人的人，即使他的资质和天赋很高，同学之中会有人不讨厌他吗？会有人不鄙视他吗？这种人当然想要欺骗别人，但人们果真会被他迷惑，而不在暗中耻笑他吗？假如有那种谦虚沉默，自我克制，把自己摆在无能的位置上，坚定志向，竭力而行，勤学好问，称道他人的善举，怪罪自己的过错，学习他人的长处，不掩饰自己的短处，忠诚守信和乐平易，表里如一的人，即使他的资质和天赋很愚钝，同学中会有人不称赞仰慕他吗？这种人固然总是以自己无能的态度处世，而不求超出别人，人们果真会认为他无能，而不去敬重他吗？各位观照一下这两种人，也就知道该怎样去从事于学习了。

◎ 注解

①笃：坚定。②警捷：机敏，反应快。③勤确：勤奋坚定。④谦抑：谦让。⑤侪（chái）辈：同辈，同类的人们。⑥苟：如果，假使。⑦盈：满。⑧讳己：讳言自己的（短处）。⑨自矜（jīn）：自大，自夸。⑩资禀：天资，禀赋。⑪超迈：超越常人。⑫疾恶（wù）：憎恶。⑬鄙贱：鄙视。⑭固：当然。⑮自持：自我克制。⑯咎（jiù）：怪罪。⑰从：跟随，学习。⑱明：表明，不掩饰。⑲乐易：和乐平易。⑳敬尚：敬重。

◎ 感悟

本篇是王阳明流放贵州龙场驿时对学生的教导。身处人生逆境中的阳明先生，面对前来求教的学生，仍满腔热忱、不厌其烦地给学生讲解，其精神，其境界，确为读书人的榜样。王阳明教导学生，“不以聪慧警捷为高，而以勤确谦抑为上”，这种育人观，本身就非常进步，而他又反复倡导学生“笃志力行，勤学好问”，这一观点，对当代青年来说，尤其值得提倡和学习。

牛角挂书

隋朝末年，有个叫李密的少年，从小就志向远大，勤奋好学。

有一次，李密准备去拜访老师，为了不耽误学习，出发前，他把书本装进了布袋，然后把布袋挂在了牛角上，就骑着老黄牛出门了。

老黄牛慢悠悠地往前走着，挂在牛角上的书包也一步三晃悠；牛背上的李密津津有味地读着，读到高兴处，也跟着摇头晃脑起来——真是一副绝妙的风景画。

这时，越国公杨素骑马路过这里。他看见一个少年在牛背上读书，不由得脱口而出："年轻人如此好学，真难得啊！"

正读书读得如醉如痴的李密被喊声吓了一跳，回过神来，看到杨素正冲自己微笑。杨素的随从告诉李密，这是越国公！李密赶紧从牛背上跳下来，恭恭敬敬地给越国公行礼。

一老一少在路上攀谈了起来。杨素问："刚才读的什么书呀？"李密回答："我读的是《汉书·项羽传》。"杨素觉得这个少年很有抱负，将来必定有所作为。回家后，杨素跟他儿子杨玄感说："我看李密这孩子的志向、学识，比你们兄弟几个要强。将来你们有什么紧要的事，可以找他商量。"从那以后，杨玄感就跟李密交上了朋友。

隋朝末年，政治黑暗，民不聊生，本来就抱有经世济民理想的李密，也加入了波澜起伏的农民起义大军中，并成为了瓦岗军的主要领导人。

——据《新唐书·李密传》

第三十五课

晨读 进学解（节选）

唐·韩愈

国子先生晨入太学，招诸生立馆下，诲之曰："业精于勤，荒于嬉；行成于思，毁于随。方今圣贤相逢，治具毕张，拔去凶邪，登崇俊良。占小善者率以录，名一艺者无不庸。爬罗剔抉，刮垢磨光。盖有幸而获选，孰云多而不扬？诸生业患不能精，无患有司之不明；行患不能成，无患有司之不公。"

◎ 释义

国子先生清晨走进太学，召集学子们站立在学舍下面，教导他们说："学业的精进靠的是勤奋，学业的荒废则由于嬉戏；德行的养成靠的是思考，德行的败坏则由于因循随便。当前圣君与贤臣相遇，法律政令健全完备，除掉了凶恶奸邪之人，提拔了俊伟贤良之辈。具有一点好的品行的都被录取，有一技之长的无不任用。搜罗甄别人才，刮去蒙在他们身上的污垢，使他们的德才发出夺目光辉。大概有无才无德而侥幸获选的，但绝没有博学多能而不被举用的。诸位学子只需担心自己的学业不能精进，无须顾虑主管长官选材不明；只需担心自己的德行不能养成，无须顾虑主管长官做事不公。"

◎ 注解

① 国子先生：韩愈自称，当时他任国子学博士。唐朝时，国子监

是设在京都的最高学府，内设国子、太学、广文、四门、律、书、算七学。各学的教官称博士。②太学：这里指国子监。唐朝国子监相当于汉朝的太学，古时对官署的称呼常有沿用前代旧称的习惯。③治具：治国之具，主要指法律政令。《史记·酷吏列传》："法令者，治之具。"④毕：全部。⑤张：指建立，确立。⑥登崇：举荐，推举。崇，尊崇，尊重。⑦俊良：俊伟贤良的人。⑧率：都。⑨庸：用。⑩爬罗：爬，爬梳。罗，搜罗。⑪剔抉（tī jué）：识别选拔。剔，剔除。抉，选择。⑫有司：负有专责的部门及其官吏。

◎ 感悟

"业精于勤，荒于嬉；行成于思，毁于随。"这是先贤对年轻人的谆谆教诲。古今中外，凡是有成就的人，无不"勤"。爱迪生说过，所谓天才，就是百分之九十九的勤奋加上百分之一的灵感。"嬉"，更像是一种腐蚀剂，使聪明者变得愚蠢，有为者变得懒惰。当代某些年轻人，痴迷于游戏，流连于网吧，荒废了时光，消磨了意志，看到这两句至理名言，应幡然醒悟，让自己的人生方向沿着"勤""思"两条路径前行，而万万不可再"嬉"、再"随"了。

㊣晚㊣诵　进学解（节选）

唐·韩愈

先生口不绝吟于六艺之文，手不停披于百家之编；纪事者必提其要，纂言者必钩其玄；贪多务得，细大不捐；焚膏油以继晷，恒兀兀以穷年。先生之业，可谓勤矣。

◎ 释义

先生口中从不停止吟诵"六经"的文章，手头从不停止翻检百家的著述；阅读记事的作品必定列出提纲要领，研究立论的撰著必定探索深奥的宗旨；贪恋广博的知识，力争更大的收获，大处小处都不放过；点起灯烛夜以继日，持续不断地劳苦而终年不休。先生治学，可真称得上勤奋啊！

◎ 注解

①六艺：指儒家六经，即《诗》《书》《礼》《乐》《易》《春秋》六部儒家经典。②披：翻检。③百家之编：指儒家经典以外诸子百家的著作。④提其要：列举出其中的纲要。提，列举。要，纲要。⑤纂（zuǎn）言者：指言论集。纂，搜集材料编书。⑥钩其玄：探索其中的精微之处。钩，探索。玄，精微之处。⑦捐：舍弃。⑧膏油：油脂，这里指灯烛。⑨晷（guǐ）：日影。⑩恒：持久。⑪兀（wù）兀：勤奋不懈的样子。⑫穷：终，尽。

◎ 感悟

“焚膏油以继晷，恒兀兀以穷年”是本段的重点。若想学业有成，必须经过一个长期努力的过程，如果一曝十寒、浅尝辄止，到头来只能一事无成，徒增悔意。今天的我们，学习条件如此优越，学习环境如此优良，不用“焚膏油”，只需“恒兀兀”，我们有什么理由不好好学习，有什么理由不争分夺秒呢？

温故知新

韩愈（768—824），字退之，河南河阳（今河南孟州）人，自称“郡望昌黎”，世称“韩昌黎”“昌黎先生”。唐代杰出的文学家，古文运动的倡导者，被后人尊为“唐宋八大家”之首。著有《韩昌黎集》四十卷、《外集》十卷等。

韩　愈

第三十六课

晨读 **送东阳马生序**（节选）

明 • 宋濂

余幼时即嗜学，家贫，无从致书以观，每假借于藏书之家，手自笔录，计日以还。天大寒，砚冰坚，手指不可屈伸，弗之怠。录毕，走送之，不敢稍逾约。以是人多以书假余，余因得遍观群书。既加冠，益慕圣贤之道，又患无硕师名人与游，尝趋百里外，从乡之先达执经叩问。先达德隆望尊，门人弟子填其室，未尝稍降辞色。余立侍左右，援疑质理，俯身倾耳以请；或遇其叱咄，色愈恭，礼愈至，不敢出一言以复；俟其欣悦，则又请焉。故余虽愚，卒获有所闻。

◎ 释义

我年幼时就酷爱学习，因为家中贫穷，无法得到书来阅读，常向藏书的人家求借，动手亲自用笔抄写下来，约定好日期送还。天气严寒时，砚池中的水冻成了坚冰，手指冻得不能弯曲伸展，（我）也不敢有丝毫的懈怠。抄写完后，赶快送还人家，不敢稍稍超过约定的期限。因此人们大多肯将书借给我，我因而得以遍览了许多书籍。成年以后，（我）愈加仰慕圣贤的学说，又担心不能与学识渊博的老师和名人交游，曾前往百里之外，手拿着经书向同乡前辈求教。前辈德高望重，门人学生挤满了他的房间，他的言辞和态度都十分严厉。我站着陪侍在他左右，提出疑难，询问道理，低身侧耳向他请教；有时遭到他的训斥，我的表情更加恭敬，礼仪更加周全，不敢说一句话来为自己辩解；等到他高兴时，就又向他求教。所以我虽然愚钝，最终还是得到了不少教益。

◎ 注解

①余：我。②无从：没有办法。③致：取得，得到。④假借：同义复词，借。⑤弗之怠（dài）：不敢懈怠。弗，不。⑥走：跑。⑦逾约：超过约定的期限。逾，超过，越过。⑧以是：因此。⑨既加冠（guān）：加冠之后，指已成年。古代男子二十岁举行加冠礼，表示已经成人。既，已经。⑩患：担心，忧虑。⑪硕师：学问渊博的老师。硕，大。⑫游：交往，交游。⑬趋：奔向。⑭从乡之先达执经叩问：拿着经书向当地有道德有学问的前辈请教。从，跟随。先达，德行高、学问深、名望大的先辈。叩，问，请教。⑮德隆望尊：品德高，声望大。⑯门人弟子填其室：学生挤满了他的屋子。填，充。⑰未尝稍降辞色：指言语、态度都十分严厉。辞色，言语和脸色。⑱援疑质理：提出疑难，询问道理。援，引，提出。质，询问。⑲俯身倾耳以请：弯下身子，侧着耳朵（恭敬地）请教。⑳叱咄（chì duō）：训斥，呵责。㉑至：周到。㉒复：这里指辩解，反驳。㉓俟（sì）：等待。㉔卒：最终。

◎ 感悟

《送东阳马生序》是明代宋濂送给他的同乡，东阳（今浙江东阳）青年马君则的文章，亦是劝勉后学的名篇。在这篇赠言里，作者叙述自己早年

虚心求教和艰苦学习的经历，勉励青年人珍惜良好的读书环境，专心治学，虚心求教。在本段中，作者生动而具体地描述了自己借书求师之难，饥寒奔走之苦，意在告诉青年人，今天你们的学习条件如此优越，更应该好好学习，刻苦攻读。

晚诵　送东阳马生序（节选）

明·宋濂

今诸生学于太学，县官日有廪稍之供，父母岁有裘葛之遗，无冻馁之患矣；坐大厦之下而诵《诗》《书》，无奔走之劳矣；有司业、博士为之师，未有问而不告、求而不得者也；凡所宜有之书皆集于此，不必若余之手录，假诸人而后见也。其业有不精、德有不成者，非天质之卑，则心不若余之专耳，岂他人之过哉？

◎ 释义

现在各位在太学中学习，朝廷每天供给膳食，父母每年都赠给冬天的皮衣和夏天的葛衣，没有冻饿的忧虑了；坐在大厦之下诵读经书，没有奔走的劳苦了；有司业和博士当你们的老师，没有询问而不告诉、求教而无所收获的了；凡是所应该具备的书籍，都集中在这里，不必再像我那样用手抄录，从别人处借来然后才能看到了。你们中如果有学业不能精通、品德未能养成的，不是天赋、资质低下，而是用心不如我专一罢了，难道可以说是别人的过错吗？

◎ 注解

①诸生：指太学生。②廪（lǐn）稍：官家供给的粮食。当时政府

免费供给的俸粮称“廪”或“稍”。③岁：每年。④裘（qiú）：皮衣。⑤葛（gé）：葛布，指夏天穿的衣服。⑥遗（wèi）：赠送，给予，这里指接济。⑦司业：国子监置司业，为监内的副长官，协助祭酒，掌儒学训导之政。⑧博士：古代学官名。⑨卑：低下，这里指天资不高。

◎ 感悟

在本段中，作者对年轻人可谓苦口婆心、语重心长：今天的你们，“无冻馁之患，无奔走之劳”；“未有问而不告，求而不得者”；“凡所宜有之书，皆集于此，不必若余之手录，假诸人而后见也”。你们有什么理由不好好读书，有什么理由不努力向学？作者最后还指出，“其业有不精，德有不成者，非天质之卑，则心不若余之专耳，岂他人之过哉？”这段话的意思是，业有不精，德有不成，不是因为天资愚钝，而是自己不专心致志的结果。此一观点，值得我们深思！

温故知新

宋濂（1310—1381）字景濂，号潜溪，浦江（今属浙江）人，元末明初文学家、史学家。方孝孺之师，曾任翰林，主修《元史》。宋濂与高启、刘基并称为“明初诗文三大家”。其代表作品有《送东阳马生序》《阅江楼记》等。

宋　濂

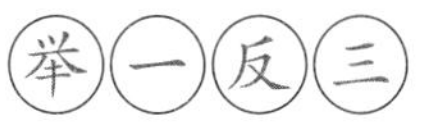

1.“业精于勤，荒于嬉；行成于思，毁于随。”这句名言已广为流传。请同学们结合这句话，思考一下自己平时应该怎样扎实地学习，充分发扬“工匠精神”，为以后的工作打好基础。请写出书面材料，并在以后的学习中砥砺前行。

2. 搜集资料，找出十条以上古往今来关于“求知”的名言佳句，抄写在笔记本上，作为座右铭，以勉励自己努力向学，并在学期末总结一下自己做到了多少。

以班级为单位，开展一次以“我阅读，我快乐”为主题的读书月活动，倡导同学们每月读一本好书，并将读后感在班级内进行交流，同时评出一、二、三等奖，以资鼓励。

DISHIDANYUAN

第十单元

情感篇

第三十七课

晨读　赠孟浩然

唐·李白

吾爱孟夫子，风流天下闻。
红颜弃轩冕，白首卧松云。
醉月频中圣，迷花不事君。
高山安可仰，徒此揖清芬。

◎ 释义

我敬爱的孟浩然夫子，他潇洒倜傥闻名天下。
年少时鄙视功名富贵，晚年归隐陪伴松和云。
月下饮酒常一醉方休，迷恋花木不愿意侍君。
他像高山般安敢仰望，只有作揖敬重他人品。

◎ 注解

①孟夫子：孟浩然。夫子，古代对男子的敬称。②风流：举止潇洒。这里指孟浩然喜饮酒，善作诗。③红颜：指年轻的时候。④轩冕（miǎn）：代指做官。轩，车子。冕，王侯所戴的帽子。⑤白首：白头发，指年老时。⑥卧松云：指归隐山林。⑦中（zhòng）圣：中酒，喝醉了。曹魏时徐邈喜欢喝酒，称清酒为圣人，浊酒为贤人，饮清酒而醉，故曰“中圣”。⑧迷花：迷恋花草。指隐居。⑨高山：喻孟浩然人格高尚，令人景仰。⑩徒：只有。⑪揖（yī）：拱手行礼。古人用作揖表示敬意。⑫清芬：喻指孟浩然品格高尚。

◎ 感悟

一个“我本楚狂人，凤歌笑孔丘”，一个“红颜弃轩冕，白首卧松云”；一个“花间一壶酒，独酌无相亲”，一个“醉月频中圣，迷花不事君”。李白与孟浩然可谓知己！本诗既是李白对孟浩然的嘉许，也可视为是李白的“夫子自道”。李白对孟浩然不慕名利、清高自赏的品格赞赏不已，这不也正是李白人格的生动写照吗？

晚诵 **金陵酒肆留别**

唐·李白

风吹柳花满店香，吴姬压酒劝客尝。
金陵子弟来相送，欲行不行各尽觞。
请君试问东流水，别意与之谁短长。

◎ 释义

风吹柳絮酒店满屋飘香，侍女斟满美酒劝我品尝。
金陵朋友纷纷赶来相送，我和朋友们都举杯尽觞。
请君问问那东流的江水，离情同它相比哪个更长？

◎ 注解

①金陵酒肆留别：这是李白离开金陵游扬州时为送别的朋友所作。金陵，今江苏南京。酒肆，酒店。留别，留诗赠别。②吴姬（jī）：指酒店里的侍女。金陵古属吴国，故称吴姬。③压酒：这里是指用新酿的酒来款待客人。古时新酒酿熟，临饮时才压糟取用。④子弟：泛指诗人的朋友。⑤欲行不行：欲行，指要出行的诗人自己。不行，指前来送别的朋友。⑥尽觞（shāng）：喝尽杯中的酒，干杯。觞，古代的饮酒器。

◎ 感悟

本诗充满了浓郁的生活气息：微风吹拂，柳絮飞扬，酒店飘香，美姬斟酒，在那样一个美妙的春天里，客人意欲远行，主人要尽地主之谊，给客人饯行，一帮朋友也纷纷赶来“助阵”，主客双方频频举杯，大有一醉方休之势……一生处于颠沛流离状态的诗仙李白，大概特别珍惜这种人间的温情，故不吝笔墨，大笔一挥，题诗留赠给这些好客的朋友们。

第三十八课

晨读　月夜忆舍弟

唐·杜甫

戍鼓断人行，秋边一雁声。
露从今夜白，月是故乡明。
有弟皆分散，无家问死生。
寄书长不达，况乃未休兵。

◎ 释义

战争隔断了人们的来来往往，秋天的边塞传来一阵阵雁鸣。今夜开始就进入了白露节气，无论如何还是家乡的月最明。虽然有兄弟却都已经分散了，老家没人到哪里去探问死生。寄回老家的信常常无人收到，何况到现在都还没停止用兵。

◎ 注解

①舍（shè）弟：对自己弟弟的谦称。②戍（shù）鼓：戍楼上的鼓声，这里代指战争。③秋边：秋天的边塞。④休兵：停止战争。

◎ 感悟

杜甫饱经战争丧乱之苦：战争让人们流离失所，战争让兄弟难以团聚，战争阻断了人间的亲情，战争阻断了回家的路径……有家不能回，才愈发感到“月是故乡明”；人生无常，才愈发感到亲情的可贵。诗人在其中流露出的对故乡、亲人的深厚情感，令读者恻然。

晚诵　奉济驿重送严公四韵

唐·杜甫

远送从此别，青山空复情。
几时杯重把，昨夜月同行。
列郡讴歌惜，三朝出入荣。
江村独归处，寂寞养残生。

◎ 释义

送您远行我们就要分别，青山空自惆怅倍增离情。
何时能同您再举杯共饮，昨天夜里还在月下同行。
剑南各郡都讴歌惋惜您，您在三朝为官多么光荣。
送走您我独自回到江村，寂寞地度过剩下的岁月。

◎ 注解

①奉济驿重送严公四韵：这首诗是杜甫为送别严武离任而作。奉济驿，在绵州（今四川绵阳）。重送，作本诗之前，杜甫已作过《送严侍郎到绵州同登杜使君江楼宴》等诗，因此说重送。严公，即严武。四韵，即律诗，一般形式为八句四韵。②空复情：空自有情。③杯重把：倒装语，应是

"重把杯"，再次聚首把酒的意思。④列郡：这里指剑南各郡。⑤三朝：这里指唐玄宗、肃宗、代宗三朝。⑥江村：指杜甫在成都的草堂。

◎ 感悟

严武任剑南节度使时，杜甫曾应严武之邀，投其帐下任检校工部员外郎。两人饮酒作诗，互相唱和，过从甚密，友情深厚。因此，严武奉诏远调，杜甫多次赋诗相赠，以慰惜别之情。想到严武离去后自己的处境，杜甫又不禁有些怃然。因此，本诗既表达了友人离去的感伤，也委婉透露了对自己身世的慨叹。

他山之石

朱晖重情重义

朱晖，东汉南阳人，为人矜持严厉，进退必讲礼节，时人都称赞他品德很高。

朱晖和陈揖是同乡好友，两人的交情特别深，可以说到了情同手足的地步。但不幸的是，陈揖年纪轻轻就去世了，给朱晖留下了无尽的悲伤和思念。

陈揖去世时，他的妻子还怀有身孕，后来，他的儿子出生了，取名叫陈友。母子两人孤苦伶仃，生活非常艰难，幸亏得到了朱晖的关照，陈友才度过了一个还算美好的童年。

朱晖也有个儿子，叫朱骈（pián），和陈友年龄相仿，两人从小就在一起玩耍、学习，像亲兄弟一样。转眼间，两人都长大了。

南阳太守桓虞很欣赏朱骈。一天，他对朱晖说："朱骈这孩子聪明伶俐得很，我这边正好有个空缺，就让他来我这儿做事吧。"

朱晖赶忙道谢："太感谢您了！不过，这份差事还是留给陈揖的儿子陈友吧。他从小就没了父亲，跟着母亲长大，生活很清苦，到现在工作也没有着落，我想尽量地帮帮他，以慰好友在天之灵！"

太守桓虞被朱晖的话深深地感动了，叹道："这真是个重情重义的人间君子。"于是，就把这份差事安排给了陈友。

——据《后汉书·朱晖传》

第三十九课

晨读　淮上喜会梁州故人

唐·韦应物

江汉曾为客，相逢每醉还。

浮云一别后，流水十年间。

欢笑情如旧，萧疏鬓已斑。

何因不归去？淮上有秋山。

◎ 释义

我俩在江汉就一起作客，每次相逢都是醉酒而还。离别后如浮云飘忽不定，岁月如流水一晃就十年。今日欢歌笑语感情依旧，可惜头发稀疏鬓已斑斑。为何不与老友一同归去？因为淮上有秀美的秋山。

◎ 注解

①淮上：淮水边，今淮阴一带。②梁州：在今陕西省。一作“梁川”。③故人：老朋友。④江汉：汉江。⑤萧疏：稀疏，稀少。⑥斑：斑白，花白。

◎ 感悟

老友十年不见，忽然在遥远的他乡相

逢，那喜悦、那激动、那感慨，实难以言语表达。但作者却能从动人心处下笔，写出最富感染力的一面：昔日场景、别后遭际、今之情状，老友话别般将“情”和“景”有机地结合在了一起，这正是本诗魅力所在。

㊖㊗ 赋得暮雨送李胄

唐·韦应物

楚江微雨里，建业暮钟时。
漠漠帆来重，冥冥鸟去迟。
海门深不见，浦树远含滋。
相送情无限，沾襟比散丝。

◎ 释义

楚江笼罩在细细微雨里，建业城的暮钟正在响起。
烟雨茫茫中船行得沉重，天色渐暗鸟儿飞得迟缓。
暮色中的海门遥不可见，江边树木满身都是雨露。
送别老朋友我情谊无限，泪水沾衣像江面的雨丝。

◎ 注解

①楚江：这里指长江。②建业：今江苏南京。③重（zhòng）：指烟雨中的帆船行动缓慢。④冥冥：天色昏暗的样子。⑤海门：指长江入海口。⑥浦（pǔ）：水边或河流入海的地区。⑦滋：这里指水雾。⑧散丝：形容微雨。

◎ 感悟

本诗淡淡写来，如同一副“烟雨送客图”：烟雨笼罩中，浩渺长江边，近看是回巢的鸟儿，远观是缓行的帆船，两位友人挥泪话别，依依不舍，情深无限——真可谓“诗中有画，画中有诗”。

温故知新

韦应物（约737—约791），唐代著名山水田园诗人，因出任过苏州刺史，世称“韦苏州”，长安（今陕西西安）人。其诗风恬淡高远，以善于写景和描写隐逸生活著称，有《韦苏州集》等传世。

第四十课

送李端

唐·卢纶

故关衰草遍，离别自堪悲。
路出寒云外，人归暮雪时。
少孤为客早，多难识君迟。
掩泪空相向，风尘何处期。

◎ 释义

故关遍地是衰败的枯草，好友相别实在令人伤悲。
你走向高如寒云的山路，我迎着纷飞的大雪而归。
少年丧父很早客居他乡，患难中我与你相识太迟。
对着你离去的方向哭泣，世道纷乱何日才能再会？

◎ 注解

①送李端：这是一首严冬时送别友人的诗。李端，赵州人，大历进士，后弃官归隐。②故关：这里指送别的地方。③为客：客居他乡。④掩泪：掩面哭泣。⑤空：徒然。⑥风尘：世事纷乱。⑦期：这里指后会之期。

◎ 感悟

这是一首感情真挚的诗篇。作者首先渲染了一种令人感伤的氛围：故关、衰草、寒云、暮雪……严冬天气，一片凄凉的景象。在这样的氛围中送别好友，自然大大加重了离愁别绪。然后，作者又结合个人身世回顾与老友的深情厚谊，也许在艰难的时世中，老友曾经给了他莫大的帮助。今天老友离去，作者掩面哭泣。这种哀伤，自然就发自肺腑了。

晚诵

长安春望

唐•卢纶

东风吹雨过青山，却望千门草色闲。

家在梦中何日到，春来江上几人还？

川原缭绕浮云外，宫阙参差落照间。

谁念为儒逢世难，独将衰鬓客秦关。

◎ 释义

东风吹拂，微微细雨洒过青山，登高远望，房舍俨然草色闲闲。家在梦中，什么时候才能回去，冬去春来，江上几人得以归还？原上河流，纵横交错到那天边，宫阙错落，笼罩在落日残阳间。有谁理解，读书人乱世的艰难，只身在外，晚年只能客居秦关。

◎ 注解

①川原：原野上的河流。②参差：高低错落。③秦关：秦地关中，即长安所在地。

◎ 感悟

本诗抒发的是诗人在“乱离”中的思家之情。人在旅途，客居他乡，难免会有思家之情，何况处在这朝不保夕的乱世中。诗人感乱思家，眼中所见、心中所思，无非都是伤心之景、悲哀之情，浅吟低咏，一唱三叹，很容易引起人们的共鸣。“家在梦中何日到，春来江上几人还？”更是道出了无数游子共同的心声。大概这就是诗的魅力、文学的魅力吧！

温故知新

卢纶（约 742—约 799），字允言，唐代著名诗人，大历十才子之一，河中蒲（今山西永济）人，有《卢纶诗集》十卷。

卢　纶

举一反三

一、传统节日是中华文化的重要部分，每一个节日都蕴含着丰富的人世情感。请同学们找出吟咏春节、清明、中秋、重阳等节日的经典诗词，抄写在笔记本上，体会其中的情感内涵，并熟练背诵。

二、诗人笔下的“离别”，一般写得缠绵悱恻，黯然神伤。以上几首以送别为题材的诗歌，也都具备这个特点吗？请分析一下。尝试着自己写一首离别诗。

学以致用

请校学生会邀请相关专家，举办一次“职业院校学生情感健康教育”讲座，然后以班级为单位，针对讲座内容和自身情感特点，组织一起专题讨论会。

漢唐書局